美国小学主流科学教材

【美】杰伊·哈克特 等 著
STEM未来计划编写组 译

STEM 5

Science, Engineering and Technology

浙江教育出版社·杭州

STEM单元

培养未来领导者的新课程……

科学、工程、技术单元

为学习《新一代科学教育标准》做准备

以STEM为核心的单元模式提供了将科学理念与工程原理相结合的体验

什么是STEM单元：

- 独立的单元能吸引、鼓励学生围绕科学主题进行探究。
- 互动式、可书写的问答形式为学生构建个性化的学习过程。
- “学习指南”在加深学习印象的同时，使学习过程变得更有趣。

为什么要学习STEM：

- STEM能轻松地融合到任何已有的课程中。
- 培养学生合作、交流和批判性思考等21世纪必备能力。
- 理论联系实际，利用课堂中习得的知识解决实际生活中的问题。

本书特色：

通过一系列简单、易操作的活动引导学生参与相关的探究式学习。

Program Authors

Dr. Jay K. Hackett
Professor Emeritus of Earth Sciences
University of Northern Colorado
Greeley, CO

Dr. Richard H. Moyer
Professor of Science Education
and Natural Sciences University of
Michigan–Dearborn Dearborn, MI

Dr. JoAnne Vasquez
Elementary Science Education
Consultant NSTA Past President
Member, National Science Board
and NASA Education Board

Mulugheta Teferi, M.A.
Principal, Gateway Middle School
Center of Math, Science, and
Technology St. Louis Public Schools
St. Louis, MO

Dinah Zike, M.Ed.
Dinah Might Adventures LP
San Antonio, TX

Kathryn LeRoy, M.S.
Chief Officer Curriculum ervices
Duval County Schools, FL

Dr. Dorothy J. T. Terman
Science Curriculum evelopment
Consultant Former K–12 Science and
Mathematics Coordinator
Irvine Unified School District, CA
Irvine, CA

Dr. Gerald F. Wheeler
Executive Director National Science
Teachers Association

Bank Street College of Education
New York, NY

Contributing Authors

Dr. Sally Ride
Sally Ride Science San Diego, CA

Lucille Villegas Barrera, M.Ed.
Elementary Science Supervisor
Houston Independent School District
Houston, TX

American Museum of Natural History
New York, NY

Contributing Writer

Ellen C. Grace, M.S.
Consultant Albuquerque, NM

RFB&D learning through listening **Students with print disabilities may be eligible to obtain an accessible, audio version of the pupil edition of this textbook.**
Please call Recording for the Blind & Dyslexic at 1-800-221-4792 for complete information.

connectED.mcgraw-hill.com

STEM McGraw-Hill is committed to providing instructional materials in Science, Technology, Engineering, and Mathematics (STEM) that give all students a solid foundation, one that prepares them for college and careers in the 21st century.

Send all inquiries to:
McGraw-Hill Education
8787 Orion Place
Columbus, OH 43240

ISBN: 978-0-02-143817-4
MHID: 0-02-143817-X

Printed in the United States of America.

2 3 4 5 6 7 8 9 10 EUS 17 16 15 14 13

Content Consultants

Editorial Advisory Board

American Museum of Natural History

The American Museum of Natural History in New York City is one of the world's preeminent scientific, educational, and cultural institutions, with a global mission to explore and interpret human cultures and the natural world through scientific research, education, and exhibitions. Each year the Museum welcomes around 4 million visitors, including 500,000 schoolchildren in organized field trips. It provides professional development activities for thousands of teachers; hundreds of public programs that serve audiences ranging from preschoolers to seniors; and an array of learning and teaching resources for use in homes, schools, and community-based settings. Visit www.amnh.org for online resources.

译 序

一部好教材欲保持其生命力的重要举措就是要不断地与时俱进，要随着社会的变迁、学术的进步不断地吐故纳新。浙江教育出版社引进出版的《科学启蒙（第二版）》就是这样的一部好教材。

比较这套教材的两个版本，不难发现，第一版显然依据的是1996年美国颁布的科学教育标准。1996年的科学教育标准有三个重要特点：(1)明确科学教育的目标是培养所有学生的科学素养（美国曾经有过把培养科学家作为科学教育培养目标的历史）；(2)强调要把科学本身的实际做法，即科学探究也作为科学教育的内容；(3)将科学课程的内容按“生命科学、物质科学、地球与空间科学”三个领域加以划分。第一版的《科学启蒙》较好地落实了课程标准的这些理念。

第二版依据的是美国2013年颁布的《新一代科学教育标准（NGSS）》。和1996年课程标准相比，2013年的标准有三个显著变化。(1)将科学探究扩充为“科学与工程实践”，明显强化了运用科学概念解决实际问题能力的培养。(2)强调科学大概念。标准提出了判断大概念的4个原则：①具有学科的意义，具有跨越多个学科领域的广泛的重要性，或者是本学科中组织相关知识的关键概念；②具有解释力，能解释许多现象；③具有生成性，能为理解和探究更多的概念和解决问题提供关键的工具，与社会、家庭相关；④能从幼儿园到高中螺旋上升。(3)强调了学科间的融合，不仅是科学、技术、工程、数学的融合，还有科学、语文、数学的融合。

第二版的《科学启蒙》教材真的是在与时俱进。首先，它在继续强调科学探究的同时，大大强化了工程设计部分，不仅在各领域各章节中增加了运用相关知识解决实际问题的机会，还在“做一名科学家”版块增添了有关工程设计的“聚焦技能”。第二，在强调科学大概念方面，教材不仅在各章节都有科学大概念的明确标示，还在各章结尾之处增加了科学概念和技能的测评。第三，在学科融合方面，教材不仅强化了科学阅读（包括文和图）和科学写作的指导，还强化了数学意识和能力的培养。

《科学启蒙》这套教材还有一个突出的亮点就是它精彩的图片。大量有视觉冲击力的照片和灵动的排版为教材增色不少，让人爱不释手。

它山之石，可以攻玉。中国正在进行着课程改革，也正在努力地缩短与发达国家在教育上的差距，引进国外好的教材不失为一种有效的捷径。不同的群体都可以从《科学启蒙》这套教材中获益。它为教材编写者提供了一个如何将内容与活动结合的范例，它给予科学教师教学活动设计的启迪，它为语文老师提供了如何指导学生科学阅读和科学写作的策略，就连出版社也可以从中获得科学教材排版方面的启示。除此，作为一套学生的科学阅读的材料，它也是一个不错的选择。

只有站在巨人的肩膀上我们才可以实现弯道超车，才可以追赶上发达国家，才可以实现伟大的中国梦！国家如此，科学教育亦然，让我们共同努力！

小学科学课程标准研制组组长、修订组副组长
南京师范大学教科院教授 郝京华

目 录

Contents

做一名科学家

科学、工程和技术

读图技能训练

迷你实验记录单

做一名科学家

AMERICAN MUSEUM OF NATURAL HISTORY

只有雌蚊子才会吸血。

科学方法

看一看，想一想

蚊子会传播许多疾病。在天气炎热的季节，它们在池塘甚至水坑里产卵，大量繁殖。这种令人讨厌的昆虫，会怎样影响住在附近的人们？疾病的传播还有哪些其他途径？

探究活动

你对疾病了解多少？

人为什么会生病？其他动物也会生病吗？人和其他动物都会得的疾病有哪些？科学家是怎样研究疾病的？

生物学家对生活在自然界中的所有生物都感到好奇。苏珊·珀金斯和莉莉安娜·达沃洛斯都是生物学家，她们在纽约的美国自然历史博物馆做生物研究工作。她们会通过显微镜观察生物细胞并在实验室中对结果进行分析。

莉莉安娜·达沃洛斯

苏珊·珀金斯

科学家做什么?

疟疾是一种非常严重的疾病,每年全世界有超过 100 万人因为疟疾而死亡。疟疾是由寄生虫感染红细胞引起的。寄生虫是一种寄生在宿主体内或身上的生物。

科学家研究疟疾已经有很多年了,但人类并不是唯一会得疟疾的生物,鸟类、蜥蜴和其他哺乳动物也会得疟疾。目前,科学家正在研究不同动物体内的疟疾。“我们对引起疟疾的生物了解得越多,就会有更多的手段来治疗这种疾病。”苏珊·珀金斯解释道。

她和莉莉安娜·达沃洛斯运用科学方法了解更多关于疟原虫的知识。科学方法是指科学家研究和解决问题的过程。运用这种方法,科学家就能解释自然界中的事情是怎么发生的。

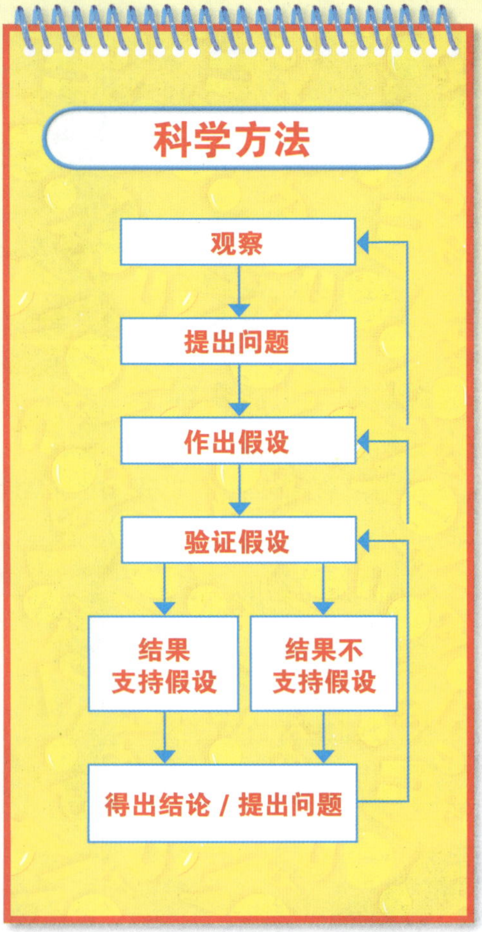

鬣蜥会染上由沙蝇引起的疟疾。

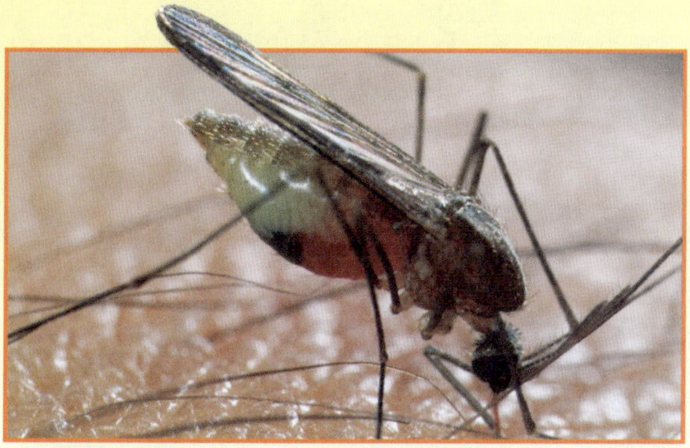

雌性蚊子在产卵前需要通过吸血来“饱餐”一顿。

在科学家假设的相关句子下画线。

当然，科学家并不总是严格遵循科学方法的步骤，但他们必须确保自己和其他科学家可以重复这些步骤。因为只有这样，其他科学家才可以检验他们的工作是否合理。

苏珊和其他科学家都知道：有些蚊子体内含有会引发疟疾的生物，人类一旦被它们叮咬，就会感染疟疾。他们观察到，当蜥蜴被体内含有疟原虫的沙蝇叮咬后也会患疟疾。

苏珊提出一个问题：“在不同生物间传播的疟疾，作用在不同宿主体内的机制是否相同？”她预测，在蜥蜴和沙蝇体内的疟原虫细胞与科学家之前在蚊子和人体内观察到的疟原虫细胞相似。这就是她的假设。

苏珊的假设中包含多种变量。自变量是指研究者主动操控而发生变化的因素或条件，因变量是指会随着自变量的变化而变化的因素，常量是指未被测试且保持不变的因素。在苏珊的研究中，自变量是物种的类型，因变量是寄生虫细胞中的基因。

条纹侏儒鸟也会染上疟疾。

小测验

1. 什么是科学方法？

____

____

____

____

科学家怎样验证假设?

科学家进行了有趣的实验观察，他们研究了疟原虫的某些基因。这些基因具有控制核糖体产生的指令。核糖体是细胞内的“工厂”，负责生产蛋白质。

大部分多细胞生物只有一种核糖体，但是有些疟原虫有两种核糖体。其中一种核糖体是科学家在蚊子体内寄生的疟原虫上观察到的；另一种核糖体则是在疟原虫进入人体后产生的。

本页的图表展示了疟原虫的传播途径。在疟疾从人类传播到蚊子的阶段下画线。

这就使疟疾在蚊子和人体之间的传播变得非同寻常！“这是一个有趣的模式。”苏珊观察后说道，“我们能在其他动物中找到这种模式吗？”

疟原虫的传播途径

阶段① 一只被疟原虫感染的蚊子叮咬了一个健康的人。

阶段② 疟原虫进入人体肝脏，继而繁殖出更多的疟原虫。

阶段③ 疟原虫感染了人体内的红细胞，繁殖出更多的疟原虫，并蔓延至全身。

阶段④ 一只没被疟疾感染的蚊子叮咬了一个得了疟疾的人，蚊子也被感染了。

阶段⑤ 这只感染了疟疾的蚊子也能将疟疾传播给其他人。

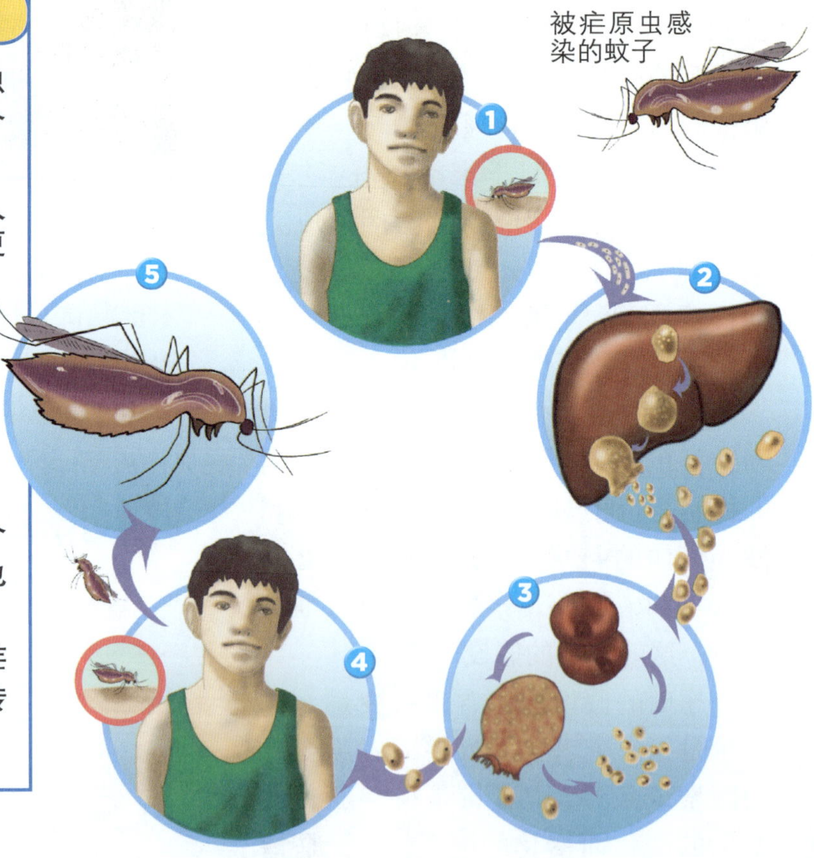

苏珊假设，蜥蜴和沙蝇体内的疟原虫和蚊子及人体内的疟原虫有相似模式的核糖体。然而，她需要证据来验证她的假设。证据是指科学家通过不同途径收集到的数据。

苏珊准备去美国的加利福尼亚州收集证据。篱蜥在加利福尼亚州很常见，而且也容易捕获。苏珊采集了篱蜥的两个血液样本。她在显微镜下观察其中一个血液样本，根据是否存在疟原虫来判断这只篱蜥是否患有疟疾。如果这只篱蜥患有疟疾，她就使用第二个样本来观察疟原虫的基因。

苏珊回到实验室后，莉莉安娜帮助她一起分析采集来的血液样本。她们从篱蜥的血液中提取了寄生虫的基因，然后比较这些基因和其他宿主体内寄生虫的基因。同时，她们还使用高清显微镜和计算机来检测疟原虫。

小测验

2. 为了收集数据来验证假设，科学家为什么会选择到自然界中观察，而不是建立一个计算机模型？

____

____

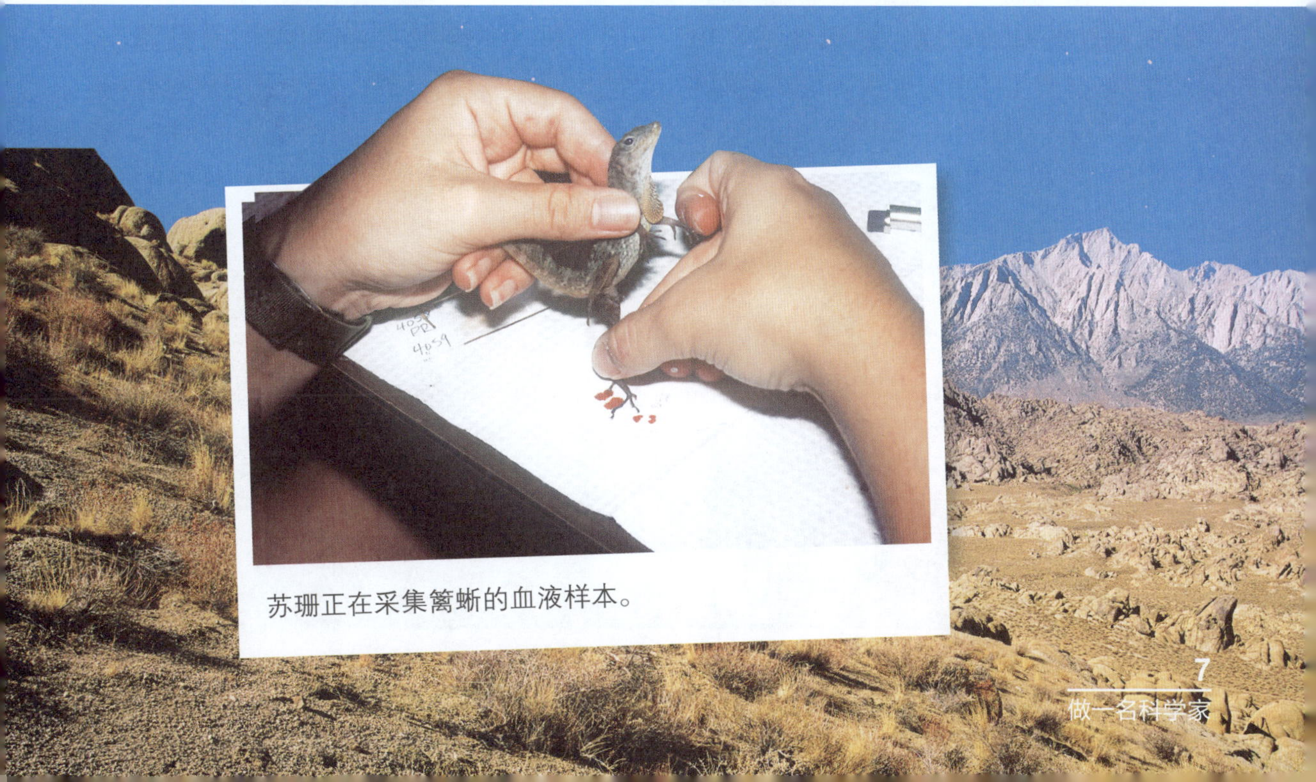

苏珊正在采集篱蜥的血液样本。

科学家怎样分析数据?

验证假设的一部分工作是整理数据并寻找规律。苏珊和莉莉安娜从蜥蜴体内采集到了疟原虫的基因,还从啮齿动物体内采集到了疟原虫的基因。和人类及其他哺乳动物一样,啮齿动物会被蚊子感染而患上疟疾,所以它们也被纳入研究范围。

由于单个基因太小而无法观察,科学家利用一种特殊的化学工艺复制基因。然后,他们将复制后的基因注入一片凝胶中。凝胶上有大小不同的小孔,叫作气孔。

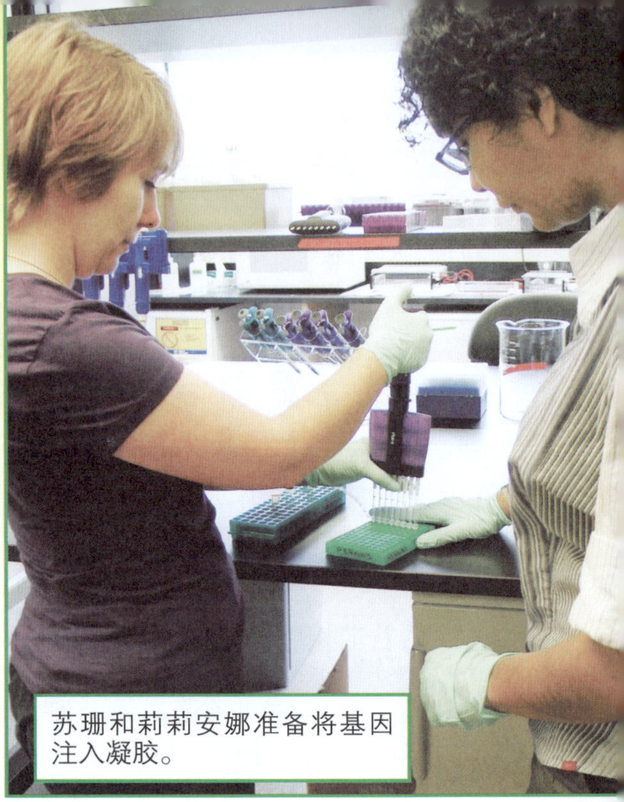

苏珊和莉莉安娜准备将基因注入凝胶。

小测验

3. **科学家必须整理和分析他们收集到的数据以寻找____________________。**

苏珊和莉莉安娜从血液中采集基因。

气孔能根据基因的大小分离基因片段，这样就会在凝胶上形成条带。

科学家可以根据这些条带形成的规律比较各种基因。“这需要小心处理，可能需要花费几周的时间才能完成。”莉莉安娜说道。

苏珊和莉莉安娜发现，蜥蜴体内所有疟原虫的基因都具有相同的模式。这就是疟原虫感染蜥蜴时只有一种核糖体的证据。

然而，在啮齿动物体内，疟原虫的基因均表现出了不同的模式。这就是疟原虫感染其他生物时具有不同种类核糖体的证据。

莉莉安娜正在检验凝胶中的基因样本以确定它们的模式。

在正文中说明科学家通过分析数据而得出研究结果的句子下画线。

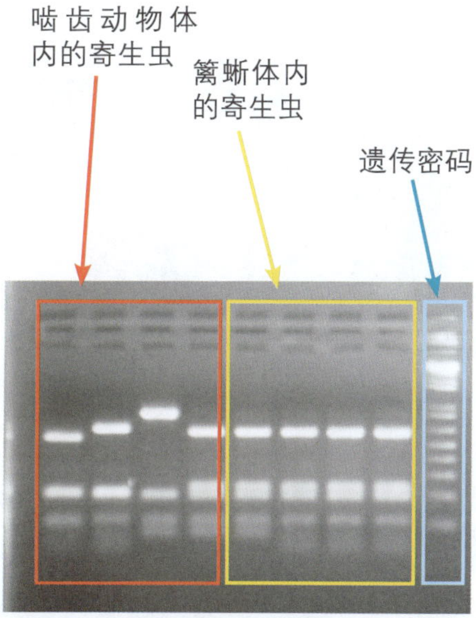

这个疟原虫的核糖体基因在啮齿动物和篱蜥体内显示了不同的规律。

小测验

4. 在这个实验中，科学家通过比较不同生物的__________来寻找规律。

科学家怎样得出结论?

现在,苏珊和莉莉安娜要分析她们的证据是否支持她们的假设。疟原虫在不同种类生物间传播时表现得一样吗?不,它们表现得不一样!证据表明,疟原虫感染哺乳动物时具有两种不同的核糖体,而感染蜥蜴时只有一种核糖体。

苏珊和莉莉安娜的实验结果并不支持她们的假设。"我们原本认为,所有疟原虫会表现得和在人体内一样,但结果是不一样的。"莉莉安娜说。

在实验中科学家得出的结论下画线。

接下去要研究的动物可能是智利的企鹅、马达加斯加的狐猴、印度的鹿。

对于科学研究来说，证明假设成立或不成立都很有价值——事实上，证明假设不成立有时具有更高的价值！苏珊和莉莉安娜仔细检查了她们的数据和步骤，并作了详细的记录。这样，其他研究疟疾的科学家就可以从她们的研究中获得启发。

她们的研究结果为生物学家提出了新的问题：疟疾感染人类和其他哺乳动物的方式是独一无二的吗？为什么那些寄生虫具有不同种类的核糖体？这些结果对于研究治疗这种疾病的新方法有什么帮助？新的问题非常重要，因为它们能带来新的假设。

小测验

5. 为什么说证明假设成立或不成立都很有价值？

____

____

苏珊和莉莉安娜期待研究新问题。

莉莉安娜在野外继续研究疟原虫。

聚焦技能

科学家运用科学方法时会用到很多项技能。这些技能可以帮助他们收集信息并回答关于我们周围世界的一些问题。下面介绍他们运用的一些技能。

观察 利用你的感官来了解一个物品或一件事。

做出假设 给出一段可被验证的、关于某个问题答案的叙述。

交流 和他人分享信息。

分类 将事物根据其相似属性分组。

使用数字 通过排序、计算等方法来解释数据。

建立模型 制造某物以表现一个物品或一件事。

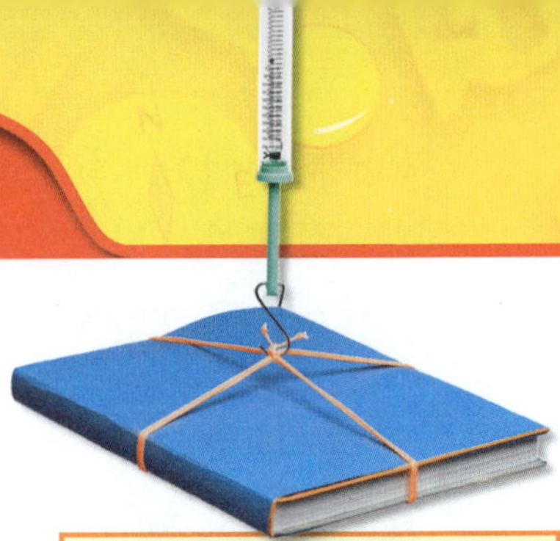

使用弹簧秤来________一个物品的重量。

使用图表整理和

____________。

这名学生记录了他的观察结果，并和其他人__________。

从第12、13页所列的探究技能中选择适当的词填空。

释放小车前，这些学生可以________可能的结果。

使用变量 明确某些可以控制或影响实验结果的因素。

解读数据 利用收集到的信息回答问题或解决问题。

测量 找出事物的尺寸、距离、时间、体积、位置、质量或温度等。

预测 说出一件事或一个实验可能的结果。

推理 根据事实或观察结果形成想法或观点。

进行一次合理的测试 在实验中，通过只改变一个因素来观察它对其他因素的影响。

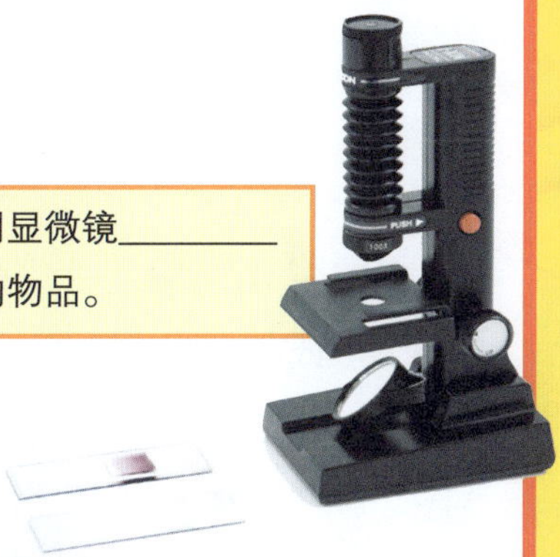

使用显微镜________非常小的物品。

为了了解一个事件在大自然中是怎样发生的，这名学生必须____________。

安全提示

室内

- 阅读并理解所有的指导说明。当你看见“△小心”的时候，一定要遵守操作规范。
- 仔细听老师特别说明的注意事项，如果对某些方面不是很清楚，应及时寻求帮助。

- 在活动前，请用肥皂和水清洗双手。
- 使用电热板时，要特别小心。要注意它的开关状态。记住：在将电热板关闭后的几分钟内，它仍旧是热的。
- 如果需要接触一些脏乱或会溅起的物品，请穿上实验服。

- 如果有液体不小心流了出来或溅了出来，请立刻寻求老师的帮助。
- 请按照要求处理废弃物。
- 如果有物品打碎了，请告诉老师。如果玻璃制品碎了，不要独自处理。

- 当老师要求你佩戴护目镜时，请按要求去做。当你要操作一些可能会飞溅到眼睛里的粉末或液体时，必须戴好护目镜。
- 与明火保持一定的距离，尤其注意保护你的头发和衣服。将长发绑起，将长袖卷起。
- 使用电器时，注意保持双手干燥。
- 实验过程禁止饮食。
- 请按照要求把物品整理好。
- 在活动结束后，将你的实验区域清理干净，并用肥皂和水清洗双手。

室外

- 与值得信任的成年人一起活动，例如你的老师、家长或其他监护人。
- 在没有得到成年人的允许前，不要触摸动物或植物。动物可能会咬伤你，有些植物可能会有毒。

责任 **请注意尊重生命、爱护环境和你的同伴。**

科学、工程和技术

2012 年 8 月 6 日，“好奇号”探测器成功登陆火星。这个探测器向美国国家航空航天局提供有关火星气候和地形的数据。

技术与设计

大概念 我们怎样设计技术来满足我们的需求？

词汇预习

技术（technology）为了满足人类需求，使人类适应自然的所有方法。

假肢（prohthesis）代替某个身体部位的人造肢体。

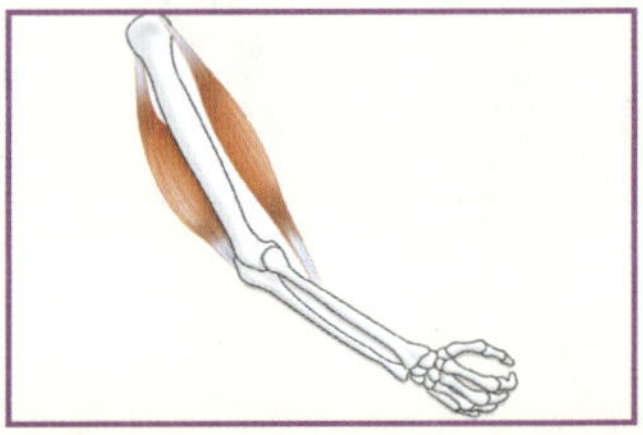

肌肉骨骼系统（musculoskeletal system）一种包括肌肉系统和骨骼系统在内的系统。

模型（model）展现一个产品或一个想法的物品。

设计过程（design process）发明产品或解决问题的一系列步骤。

原型（prototype）与产品实际尺寸相同的工作模型，可用于测试。

当你学习本单元时，完成下列关于设计过程的图表。

当你明确一个要解决的__________或问题时，设计过程就开始了。

↓

通过研究和__________想法可以找出可能的解决方案。

↓

然后根据你的__________和__________选择一个解决方案。

↓

接着，根据类似于__________和安全性的标准来选择最合适的材料。

↓

通过制作一个__________，记录它的设计和发生的任何改变。

↓

之后，制作一个与产品实际尺寸相同的__________。

↓

最后，__________你的原型。与大家交流你收集的证据，包括数据表和__________。

↓ 达到目标 → 与大家交流你的__________。

↓ 需要改进 → 返回“通过研究和__________想法可以找出可能的解决方案。”

第1课

技术与你

看一看，想一想

你能想象一个没有计算机的世界吗？今天，我们做的几乎每件事都会用到计算机。那么，计算机是怎么帮助我们的呢？最初人们研发这项技术的原因是什么？

基本问题 技术怎样满足我们的需求？

探究活动

怎样从盐水中得到淡水？

材　料

· 盐
· 水
· 汤匙
· 量杯
· 大碗
· 烧杯
· 保鲜膜
· 胶带
· 小石块

活动目的

人类生存需要淡水，而地球上约97%的水都是海水。海水蒸发时，溶解在其中的矿物质，比如盐，就以固体的形式保留了下来。在这个活动中，你将模仿这个过程，制作一个从盐水中得到淡水的装置。

活动步骤

1. 用量杯向大碗中加水，直到碗中的水深达到3厘米为止，并且记录加水的杯数。
2. **测量**　每加入1量杯水到大碗里，就加入2汤匙盐。搅拌溶液直到盐完全溶解。
3. 将烧杯置于碗的中央。注意：烧杯的顶部必须高于水面且低于碗的上部边缘。
4. 用保鲜膜将碗口封住。如果封口效果不佳，就用胶带密封起来。将小石块放在保鲜膜上，使其正好位于烧杯上方。
5. **观察**　将你的装置小心地放在一个暖和的地方。每天观察这个装置，持续一周。将你的观察结果记录在下一页的表格中。想一想，哪里能收集到淡水呢？

____

____

____

时间	观察
第1天	
第2天	
第3天	
第4天	
第5天	

得出结论

6 为什么人类需要从盐水中获取淡水？

7 **交流** 你怎样使用材料和科学知识来解决问题？

进一步探究

还有没有其他可以从盐水中获取更多淡水的方法？为了使你的装置性能更好，你会怎样改进它？想一个更好的方法来获取淡水。测试你的装置并展示成果。

阅读思考

什么是技术？

看看你的周围，你发现了什么？你可能看到了计算机、电视机和手机。正如你知道的，所有这些物品都是技术。你也许还能看到汽车、桌子、书本、门和窗，但你可能没有意识到这些物品也是技术。其实，生活中我们使用到的大部分物品都是技术。为了满足人类需求，一切使人类适应自然或改变自然的方法都是**技术（technology）**。因此，人们制造的所有产品和发明也都是技术。

迷你实验

请翻至第78页“迷你实验”，应用技术来做实验。

技术是为了解决人类的问题而出现的。250万年前，当人们开始思考怎样将天然材料变得更有用时，技术就产生了。从那时起，人类便不断地发明新技术，改进现有设计，并且使用新材料。

技术一直在改变。你的爷爷奶奶在你这个年龄的时候，家里可能只有黑白电视机或转盘式电话。在你爸爸妈妈小时候，家里可能已经有了按键式电话机或箱式电视机。而如今，你也许已用上了智能手机和液晶电视机。

计算机的前世今生

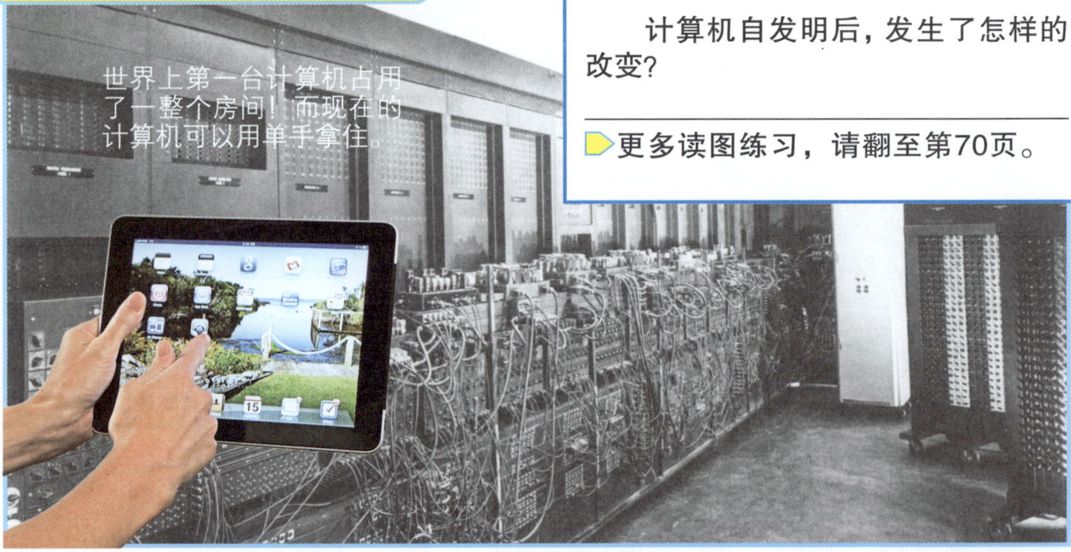

世界上第一台计算机占用了一整个房间！而现在的计算机可以用单手拿住。

读 图

计算机自发明后，发生了怎样的改变？

更多读图练习，请翻至第70页。

参照第83页双标签式 学习指南，把你做的粘贴在这里。

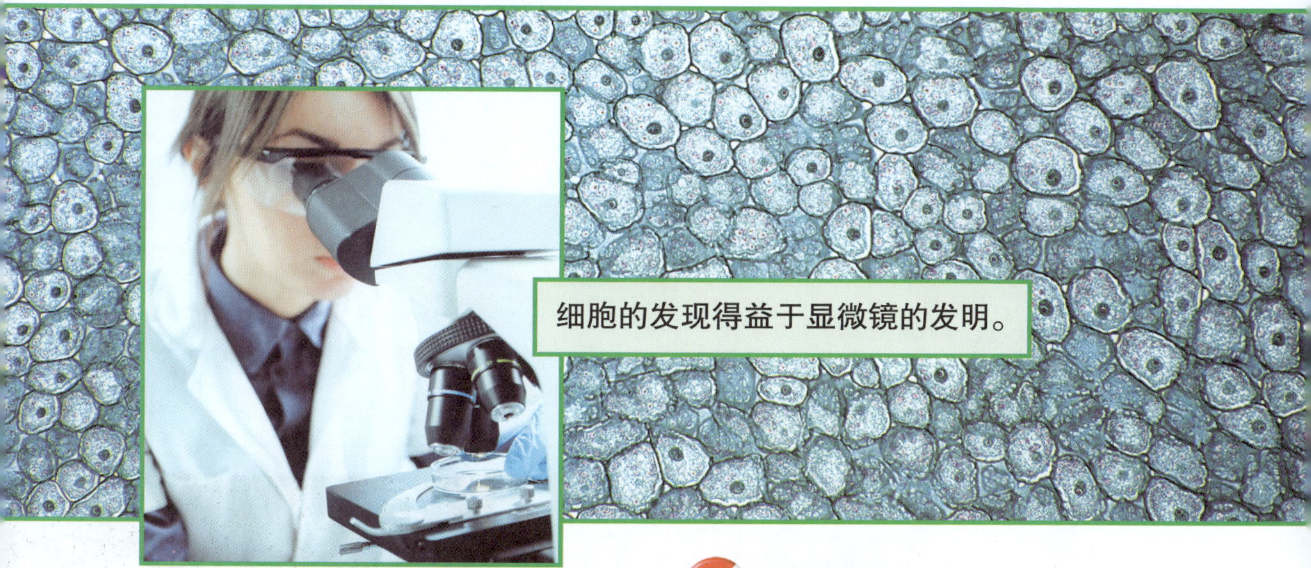

细胞的发现得益于显微镜的发明。

你可能注意到了科学和技术这两个词经常一起使用，这是因为科学使我们了解自然界，而技术依赖于科学。人们必须先理解某个问题背后的科学原理，才能形成这个问题的解决方案。例如，医生必须先了解某些疾病的病因，才能医治这些疾病。

人们运用从科学中获得的知识来形成解决问题的方案，这些解决方案便是技术。借助技术，人们能获得更多的科学知识。例如，计算机、CAT扫描、核磁共振成像等技术帮助医生更详细地了解相关人体内外部的情况，这进一步促使人们开发新技术来治疗疾病。总之，科学与技术密不可分。

小测验

1. 科学和技术有什么关系？

____

____

2. 下表各项中，如果你认为是技术就写“是”，如果认为不是就写“否”。

物品或材料	它是技术吗？
MP3 播放器	
砖头	
岩石	
汽水	
土壤	
锤子	
水	
滤水器	

技术怎样帮助我们？

现在，你知道了什么是技术，你可能还意识到在每一件事中我们几乎都使用了技术。但是，你可能还不知道，技术可以分为几个不同的领域，这些领域的技术如今发展迅速。下面我们一起来了解一下吧。

在本页中提到的有关交通技术的例子下画线。

更多读图练习，请翻至第71页。

读　图

医生怎样从核磁共振成像片中发现病人的身体异常？

____

技术领域

医学技术

生物技术是技术的领域之一，它利用生物学的知识来满足人类的需求。医学技术是一种生物技术，它通过不断研发医疗器械、更新医疗手段，从而改进我们诊断和治疗疾病的方法。古人在使用药草治疗疾病时，也使用了医学技术。如今，人们在不断地发明新的医学技术。例如，激光和机器人现在已广泛地应用于手术。

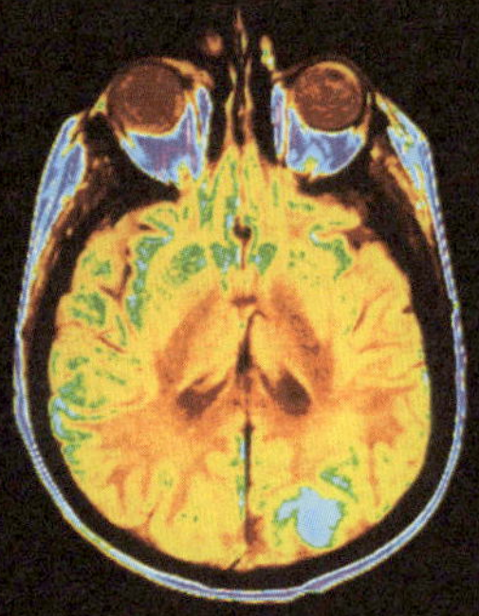

医生可以利用核磁共振成像技术来检测脑肿瘤或其他疾病。

交通技术

从几千年前发明轮子开始，人们就一直在研究与发明更快更有效的出行方式。轮子的发明使人们设计出了马车，而马车又启发人们发明蒸汽机车和汽车。如今，喷气式飞机和磁悬浮列车能使我们在几小时内移动数千千米。和其他领域的技术一样，每种交通技术都会促成一种新技术的产生。因此，交通技术领域还在持续发展中。

这架 F-22 猛禽战斗机的飞行速度可以超过音速！

小测验

3. 第24、25页中提到的技术领域分别满足了人类的什么需求？

领　　域	需　　求

基因工程

基因工程是另一种生物技术。通过基因工程，科学家可以改变生物的基因组成，从而使生物的某种特性得以提升或由此产生新的性能。现在，许多不同领域都在运用基因工程。例如，人们将基因工程改造后的某些细菌用来清除浮油，一些农作物的基因被改造后可以提高耐旱性，等等。现在，生物科学家还在努力，希望能用健康的基因来替换人体中的致病基因，从而使人们能迅速恢复健康。

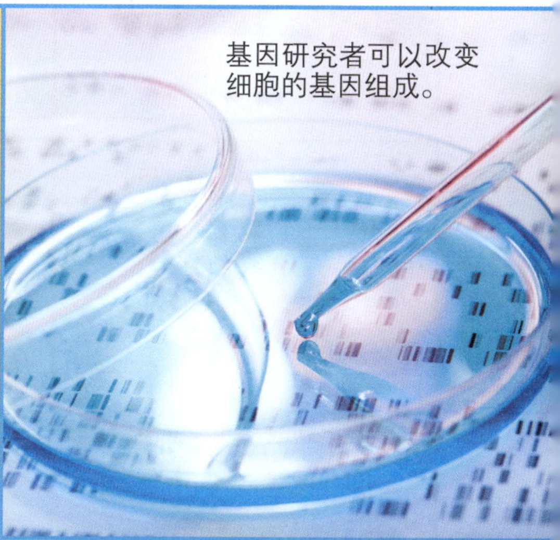
基因研究者可以改变细胞的基因组成。

通信技术

你能想象生活在一个没有手机或网络的世界里吗？手机通信和网络通信作为通信技术的最新成果，已成为现代人们普遍使用的通信方式。无论是智能手机、计算机还是互联网，都是从古代人们的烽火传信技术演变而来的。经过不断改进，现代的通信技术已经彻底改变了我们的生活。

只需按下一个键，手机就能使我们和世界各地的人交流。

第1课回顾

巩固提高

请用自己的话总结本课所学内容。

	技术____________________
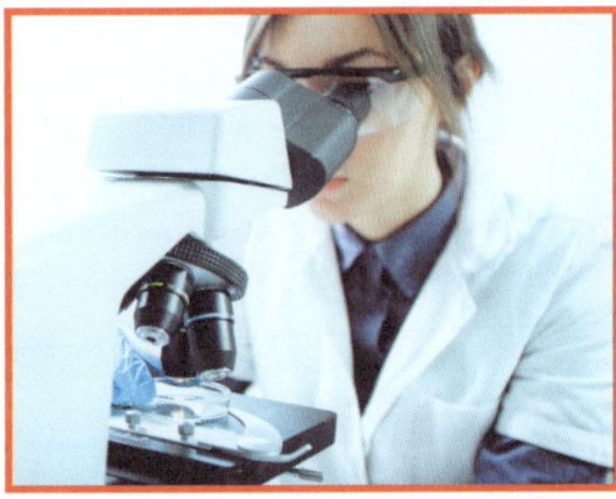	科学和技术____________________
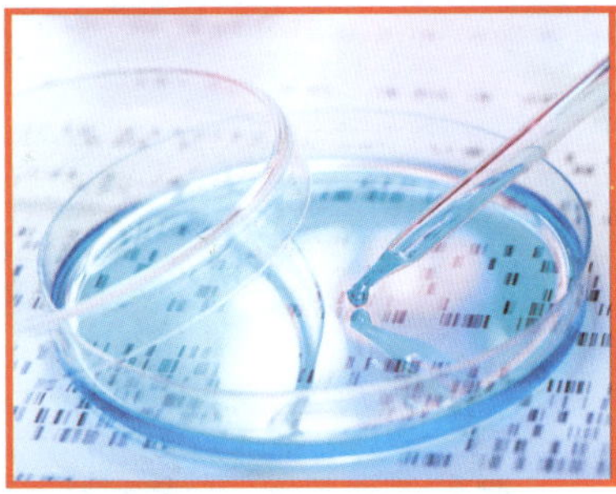	技术领域____________________

制作 学习指南

制作一本三折簿学习指南，并使用如图所示的标题，总结你所学到的知识。

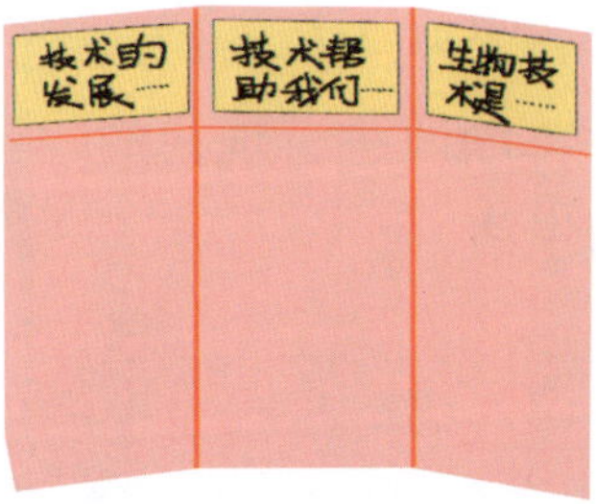

想一想，说一说，写一写

1 词汇 用你自己的话给技术下定义。

____

____

2 原因和影响 举一个例子说明科学的发展是怎样促进技术进步的。

原因		影响
	→	

3 批判性思考 技术和科学有什么不同点？

____

____

4 复习指导 下列各项中，哪一项属于技术？

A. 木材　　B. 苹果　　C. 土壤　　D. 树

基本问题 技术怎样满足我们的需求？

____

____

____

____

科学写作

轨道交通！

子弹头列车

近两个世纪以来，技术一直在改进铁路运输的方式。19世纪，蒸汽机的广泛使用彻底改变了人类的运输方式。之后，随着技术的进步，蒸汽火车逐渐被其他种类的火车所取代。

柴油发动机通过产生电能为火车提供动力，开辟了列车技术的新方向。柴油动力火车比蒸汽火车效率更高，所以我们现在仍在使用柴油动力火车。

电力火车通过架空电缆或电气化铁路供电系统提供动力，代表了铁路运输技术的又一次革新。居住在大城市及其周边地区的大量上班族通常乘坐这些速度快、噪音小的火车上下班。这些火车因为其独特的形状和较快的速度被称为“高速列车”。

目前，最新的铁路运输技术是磁悬浮列车技术。这种列车在运行时会和铁轨中的电磁体产生互相排斥的作用力，使列车处于“漂浮”状态。因为列车和铁轨不接触，所以相比其他类型的列车，磁悬浮列车更快、更高效。

火车的缺点之一是它们受到轨道的限制。然而随着技术的发展，列车变得更快、更安静。因此，轨道交通仍然是许多城市居民的一种主要交通方式。

说明文写作

一篇好的说明文

- 用事实和详细叙述来展开中心思想；
- 总结不同来源的信息；
- 使用连接词将想法串联起来；
- 根据事实和信息得出结论。

蒸汽火车

柴油动力火车

写作

说明文写作 利用安全可靠的网站明确设计公共交通系统要解决的问题，并为你的所在地写一个开发或改进公共交通系统的计划。根据现实生活中的例子来估算实施整个计划所需要的时间、材料和资金。然后，画出草图或制作模型。

磁悬浮列车

产生想法

从你的所在地找出与公共交通系统有关的问题。将这个问题写在最上面一栏中。在中间栏写出为解决这个问题你会采取的步骤。在最下面一栏中，写出你认为能妥善解决这个问题的方案。

问　题

↓

解决步骤

↓

解决方案

草稿

草拟一句话作为方案开头，内容包括：问题是什么，你将怎样解决这个问题。

____

____

取一张白纸写下你的方案，用你上面写的那句话作开头。在方案中阐明你在解决这个问题时，模型的重要性、局限性，以及可能影响结果的资金预算、设计特点。

修改与校对

现在请修改并校对你的文章。

第2课

技术与自然

看一看，想一想

图中这名运动员在用假肢跑步。你知道他的假肢是怎么模仿真腿的呢？与真腿相比，假肢有哪些不同点？

基本问题 技术怎样模仿人和动物的肢体？

探究活动

怎样制作人手模型?

活动目的

和同学一起进行小组合作，制作一个能拿起一张纸的人手模型。

活动步骤

1. **观察** 动一动你的手和手指，观察骨骼和肌肉是怎样协同工作的。
2. 用一只手的两根手指拿起一张纸，观察手的哪些部位活动了。
3. 记录你在拿纸时手的不同部位是怎样活动的。

____

____

4. **建立模型** 和一名或两名同学合作，使用任何可能的材料，制作一个人手模型，并在手不接触纸的情况下，用这个模型拿起一张纸。

步骤 4

材 料

- 吸管
- 剪刀
- 橡皮筋
- 木质棒冰棍
- 绒线铁丝
- 铁丝衣架
- 其他你认为可以使用的材料

步骤 2

5 如果你的模型不能正常工作，就尝试使用其他材料来制作一个新的模型。

得出结论

6 **交流** 和其他小组成员交流你的模型及其设计理念，并观察他们的模型。比一比，哪一个模型拿纸的性能最好？解释其中的原因。

7 **推测** 为什么新技术经常模仿自然？

进一步探究

你能制作一个能踢足球的腿部模型吗？这个模型必须具有通过踢球使球移动的功能。你需要使用哪些材料？请制作你的模型并进行测试。然后，与你的同学交流模型及其设计理念。

阅读思考

技术怎样模仿自然?

一提到技术，你的脑海中可能会浮现计算机芯片、机器人、电视机和宇宙飞船的画面。于是，你便产生了这种观念：自然看起来和技术没什么关系。但这种观念正确吗？其实，这是错误的。因为自然对很多新技术的发明起到了关键作用。

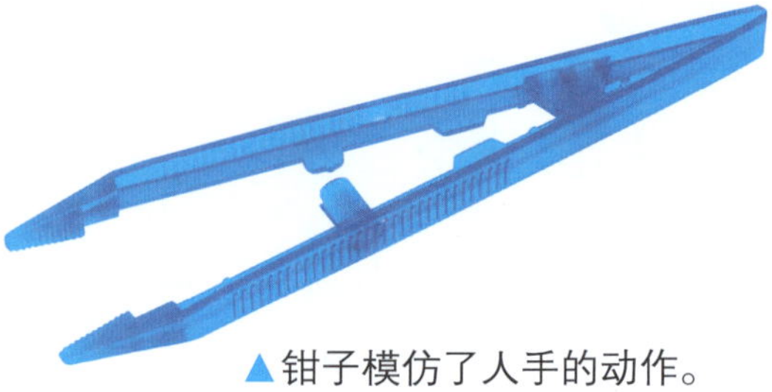

▲钳子模仿了人手的动作。

事实上，许多技术的发明都是**模仿（mimic）**自然界中事物的结果。例如，人工肺能和真肺一样“呼吸”空气；电子植入物，如助听器，增强了耳朵听的能力；起搏器能维持心脏按正常的节奏搏动。

有效的技术并不一定复杂。例如，虽然镊子或钳子中没有发动机、电线或计算机芯片，但是这两种工具很有用，设计理念也非常简单：当我们用镊子或钳子夹取小物件时，它们模仿了两根手指的动作。

小测验

圈出正确的答案。

1. 模仿的意思是____________。

   代替　　仿效　　相互作用

迷你实验

完成第 79 页“迷你实验”，看看不同的技术是怎样模仿自然的。

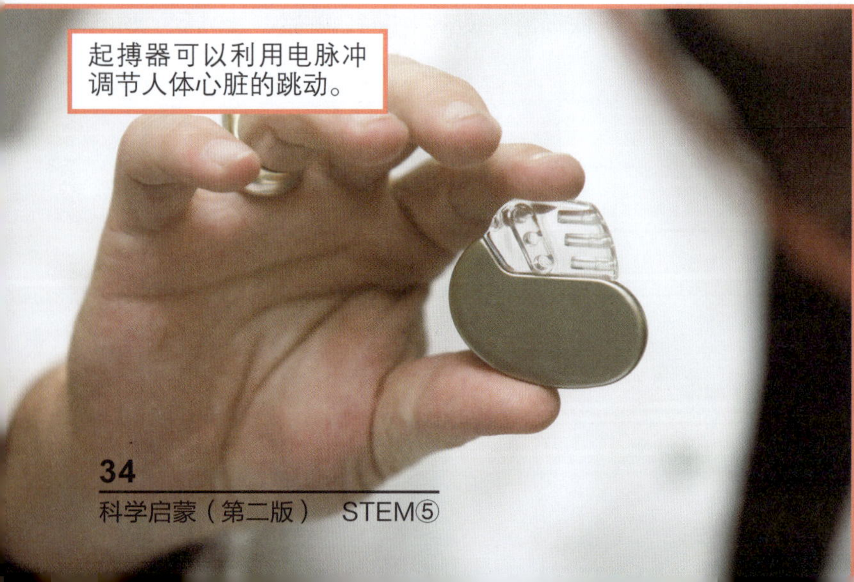

起搏器可以利用电脉冲调节人体心脏的跳动。

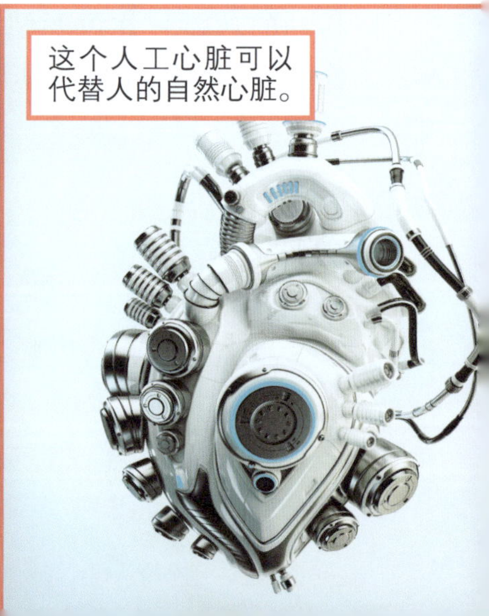

这个人工心脏可以代替人的自然心脏。

许多飞机的设计都模仿了飞行中鸟类翅膀的姿态和形状。

仿生学

我们人体的结构十分神奇，其中的许多部位都在不断地相互作用。如果某个部位生病或受了伤，它便会影响我们整个身体的正常运作。因此，医学工程师正在努力开发可以代替受伤或失去的肢体的系统，这个领域被称为**仿生学（bionics）**。

当有人需要一个新的心脏或肺来代替自己已坏死的器官时，他们只能从其他人那里获得捐赠的器官。然而，捐赠的器官数量是有限的。有了仿生学之后，科学家发明了包括人造心脏、人造肺、人造肾脏甚至是人造眼睛在内的人造器官，许多人的生命因此得以延续。

交通工具

除了医学领域外，交通工具的设计也常常模仿自然。在拍摄飞行中鸟类的翅膀之后，科学家通过研究发现，鸟类在空中上升、下降以及飞行过程中，会通过调节它们的翅膀来改变周围的气流。这启发了人类怎样去实现飞行，因此这些鸟类照片被用来帮助进行飞机设计。

许多飞机的机翼是模仿鸟类翅膀制造的。模仿了鸟类翅膀的机翼，可使其上方的空气比下方的空气运动得更快，这样随着空气的运动，飞机就飞起来了。

小测验

2. **鸟类翅膀与飞机机翼相比，有哪些相同点？**

____

____

什么是假肢？

纵观历史，早期失去肢体的人普遍采用木制假腿和金属钩子手来代替原有的肢体。**假肢（prosthesis）**是人造肢体，用来代替失去的某个身体部位。人们在遇到事故、疾病或出生缺陷时，就需要替换人体部位。

随着科技的进步，人们发明了铰链，因而制作假肢的材料也随之改变。尽管如此，假肢最基本的结构和目的还是一样。如今，为了满足人们的不同需求，人们可以量身定制假肢，因此每个假肢都不一样。现代假肢的功能看起来与真实的肢体已没有太大的差别。

现代假肢让失去四肢的人拥有正常四肢的大部分功能。

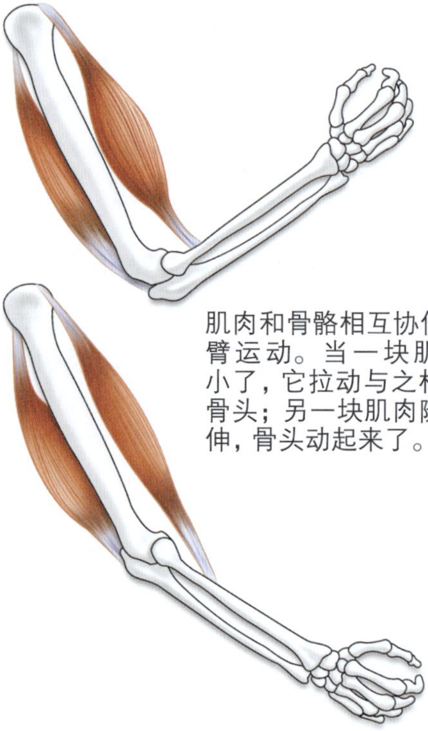
肌肉和骨骼相互协作使手臂运动。当一块肌肉缩小了，它拉动与之相连的骨头；另一块肌肉随之拉伸，骨头动起来了。

假肢代替原有肢体行使骨骼和肌肉系统的功能，它能帮助病人过上正常人的生活。骨骼系统包括人体或动物身体中的所有硬骨组织和软骨组织，它支撑、保护身体，并塑造身体的形状。骨骼系统运动的动力由肌肉系统提供，而肌肉系统是指移动骨头和其他身体部位的肌肉的总称。骨骼系统和肌肉系统共同组成了人体的**肌肉骨骼系统（musculoskeletal system）**。

小测验

3. 与以前的假肢相比，现代假肢有什么不同点？

____

____

____

就像真的肢体一样，假肢也有一个骨骼系统。骨架是假肢的骨骼，它是假肢的内部构架，起到支撑的作用。

长期以来，虽然假肢拥有骨架而看起来真实，但由于缺少肌肉或动力来源，它们并不能像真的肢体那样运动。如今，有各种各样的方法可提供假肢所需的动力，从而使假肢活动起来。其中一些假肢由起到肌肉作用的电缆来提供动力，但它往往与人体其他部位相连；还有一些假肢由安装在内的发动机提供动力。

圈出本页中描述假肢模仿人的肌肉和骨骼系统的内容。

目前，人们采用不同的方法来控制假肢，比如内置计算机芯片和传感器，而最先进的方法是利用大脑的电信号来驱动假肢。病人只要简单地想着要移动肢体，对应的假肢便会动起来！

参照第89页横向四标签式 学习指南，把你做的粘贴在这里。

假臂

更多读图练习，请翻至第72页。

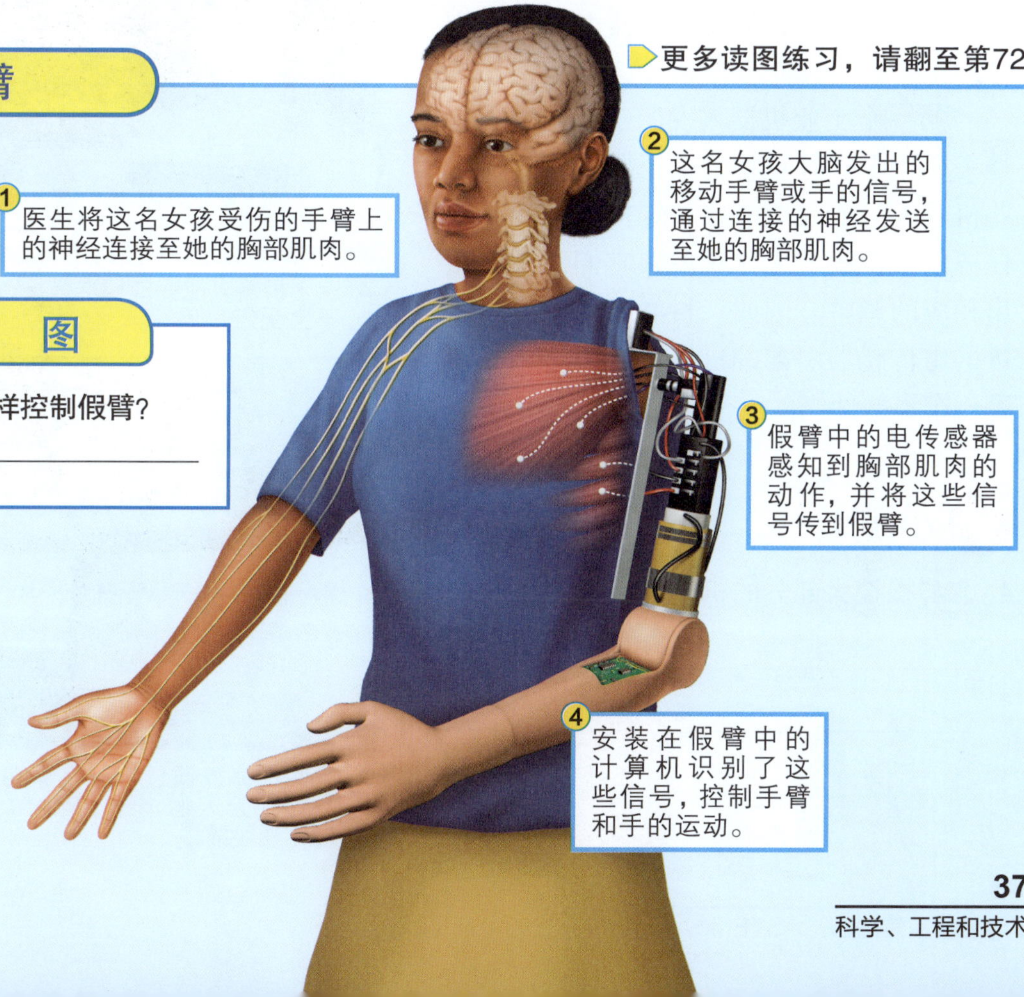

读图

怎样控制假臂？

____

技术怎样满足其他需求?

有些工作对人来说，非常危险或十分困难。现在，这样的工作就可以由模仿人体的技术来完成。这种技术就是**机器人学（robotics）**，它指的是科学和技术中使用机器人的领域。机器人是一种能模仿肌肉骨骼系统结构及其动作的机器。例如，一些机器人很像人的手臂，还有一些机器人则模仿了动物或昆虫的外形。

机器人一般由两部分构成：一是作为骨骼系统的链条等结构；二是作为肌肉结构的驱动器，它能将能量转化为动力。通常，机器人由人类操作的计算机发出的指令控制。通过设置程序，机器人能完成相应的任务。

第一个工业机器人发明于1954年，它是一个用于提升重物的电子臂。当时，这些机器人只能完成一些如焊接之类的简单任务。一旦改变工作对象，它们便无法做出相应的调整。因此，科学家发明了更先进的由传感器引导的机器人，用它们来装配汽车零部件。

▲ 这个外形像昆虫的机器人是为了探测火星而设计的。

▲ 这个机器人能完成精准焊接，人就不会受伤。

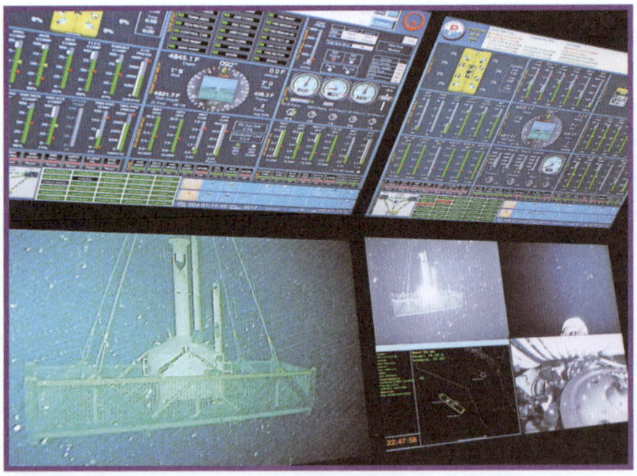

▲ 这些计算机通过控制在深海工作的遥控无人潜水器（ROV）来处理原油泄漏。

小测验

4. 怎样操控大部分的机器人？

____

____

手术中的机器人

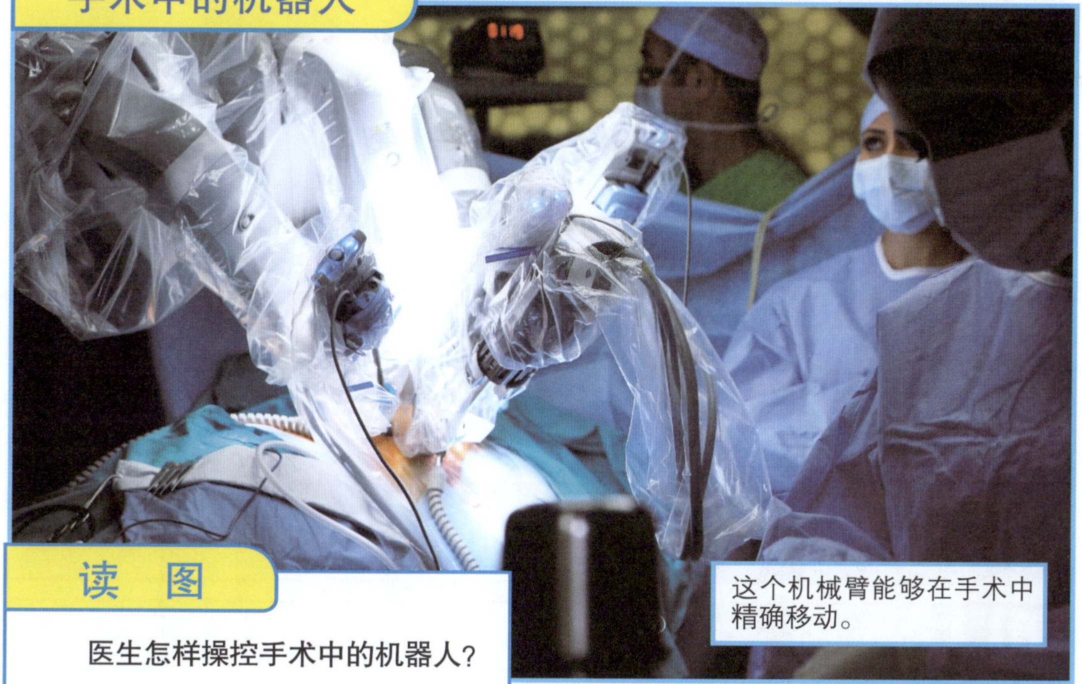

这个机械臂能够在手术中精确移动。

读 图

医生怎样操控手术中的机器人？

____

更多读图练习，请翻至第73页。

如今，机器人可以完成各种不同的任务，比如医生通过操控机器人便可以在较远的地方做手术。有时，机器人可以完成一些人手或人臂无法完成的精细操作。当然，现代机器人更多地应用于工业生产。它们能将物品堆放在一起，提升重物，处理危险的材料。

人们常常运送机器人到像火星表面这种危险的或人类无法到达的地方工作。火星探测车和其他太空探测器，如“旅行者”号探测器，都已经到达太空深处。

遥控无人潜水器（ROV）是一种能到达人类无法生存的地方的机器人。一些遥控无人潜水器潜入大海深处，探测深度、定位和探查沉船，并帮助我们了解海底的生物。最近，这些机器人也被用来处理深海的原油泄漏。此外，其他一些遥控无人潜水器还被用来探索火山的内部结构。

小测验

5. 机器人满足了人类的哪些需求？

____

____

第2课回顾

巩固提高

请用自己的话总结本课所学内容。

技术和人体________________________

____

____

____

假肢________________________

____

____

____

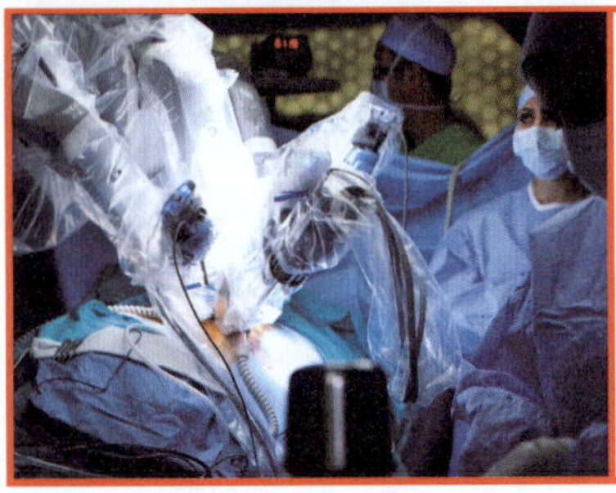

机器人学________________________

____

____

____

制作 学习指南

制作一本三栏簿学习指南。使用如图所示的标题，总结你学到的关于这一主题的知识。

想一想，说一说，写一写

1 词汇 请用你自己的话给仿生学下定义。

____

____

2 问题和解决方案 为了更好地握住铅笔，你会怎样改进假肢的功能？

问题

____

____

↓

解决步骤

____

____

↓

解决方案

____

____

3 批判性思考 现代假肢通常能帮助病人过上正常人的生活，但并不是所有需要假肢的人都能拥有自己的假肢。为什么？

____

____

____

____

____

4 复习指导 一个能用来代替失去肢体的肌肉骨骼系统功能的装置是__________。

A. 骨架　　B. 仿生学

C. 假肢　　D. 机器人

基本问题 技术怎样模仿人和动物的肢体？

____

____

____

戴着假肢生活

如今，脱落了的牙齿可以用假牙代替，损伤的骨头或关节可以用金属或塑料制品代替。如果有人因为意外事故或疾病失去了一只手臂或一条腿，人造肢体因其能很好地弯曲，也可以代替失去的肢体。

休·赫尔是人造肢体方面的专家。1982年，在他17岁时，由于攀岩而在零摄氏度的气温中被困了将近4天。在这种极寒的天气中，休被冻伤了，他的皮肤和其他身体组织受到了严重损伤，医生必须截去他的小腿。而现在，休不仅是一名大学教授，同时也是多项假肢技术的专利拥有者。

为了能够继续攀岩，休发明了一套外部包裹着橡胶、里面是坚固金属的人造脚。这种脚的外形看起来像楔子，在攀岩时它们可以很轻易地插入岩石间的缝隙。此外，休还发明了一种由计算机控制的膝盖。这种膝盖内置了计算机芯片，可以通过不断调整来提供适度的支撑。

正是有了休的发明，许多失去肢体的人才能过上正常生活，爬楼梯也不再是难事。但休不满足于现状，还在发明一些其他假肢模仿技术，其中包括能接收人脑及神经信号的技术。

中心思想和详细叙述

- 找出本文中每段的中心句以明确文章的中心思想。
- 详细叙述是段落中支持中心思想的重要部分。

明确中心思想和详细叙述

中心思想告诉你一篇文章主要讲什么。找出这篇文章的中心思想，写在下表中。详细叙述是支持文章中心思想的重要部分，在表中写出三条支持文章中心思想的详细叙述。

中心思想	详细叙述

写作

中心思想和详细叙述 调查其他类型的假肢技术。以技术改善假肢使用者的生活为话题，写一篇报告。先在下面写出你报告的中心思想，并以它作为开头。

____

____

确保你的报告中包括了支持中心思想的详细叙述，并在下面列出相关的详细叙述。

____

____

现在，另取一张纸写一篇包括中心思想和详细叙述的报告。

第3课

设计过程

看一看，想一想

这座桥由很多钢缆支撑，而这些钢缆固定在桥中间的四根大柱子上。那么，这座桥是怎样设计出来的？设计它的人怎么知道这座桥是安全的？

基本问题 物品是怎样设计出来的？

探究活动

怎样设计一座桥?

活动目的

当你设计物品时，你会先设计一个方案，然后再进行制作。通常，你的设计需要满足某些需求。在这个活动中，你将设计一座跨度达30厘米的最坚固的桥。

活动步骤

1. 活动开始前，先研究不同的桥的设计，再选一种桥来进行建造。在下面的坐标纸上画出你所选的桥的草图。在图上做好标示，并列出你需要用到的材料。

材 料

- 各种物品，如吸管、剪刀、回形针、橡皮筋、纸胶带、绒线铁丝、黏土、胶水、木质棒冰棍、线、纸等
- 塑料杯
- 若干硬币

2 现在，开始建造你的桥。

3 将塑料杯放在桥上来测试你的设计。向杯中逐个放入硬币，并记下杯中硬币的数量。在桥即将倒塌前，记录杯中硬币的数量。

得出结论

4 **解读数据** 将你的结果和同学分享。谁的设计效果最佳？

5 你会怎样改进你的设计使桥能承受更多重量？

6 **推断** 如果要建造一座真的桥，为什么说建立模型很重要？

进一步探究

如果设计需求变了，你会怎样改变你的设计？设计一座跨度达50厘米，但能承受一辆玩具车重量的桥。测试你的设计。

阅读思考

怎样设计产品?

工程师研发各种技术。

你是否好奇，我们生活中的各种技术都是谁发明的？其实，任何人都可以发明新技术，即使是与你同龄的学生也可以。你看到的所有东西都始于人们头脑中的一个想法。

人们每时每刻都在产生想法。有些想法是不切实际的，但有些想法能帮助人们解决某个问题或满足某种需求。

提出一个想法并将它变成一种解决方案就需要做大量的工作。然而，设计师可以完成这些工作。设计师就是提出某个想法并制订详细计划来把想法变成现实的人。

如果一个设计需要精确测量，这时工程师就要参与其中了。**工程（engineering）**涉及了设计和构建技术解决方案。像设计师一样，工程师提出某个想法，并将它变成产品。但是工程师运用数学和科学知识，决定怎样制作产品。他们要决定必须使用哪些材料来确保产品的优良性能，使用起来安全可靠。因此，在制造产品时，工程师比设计师参与得更多。

任何人都能发明新技术。

小测验

1. 工程师怎样想出问题的解决方案？

____

____

____

设计产品

左边照片中的模型用来检测风对体育馆顶部的影响。人们用蓝色的激光来测量风。

更多读图练习，请翻至第74页。

读 图

为什么设计师要对建筑模型进行测试？

____

大部分工程师都擅长于某个领域，例如结构工程师保证建筑物能承受地震，航空工程师建造并测试火箭和航天器。因此，许多工程师往往和设计师以及其他科学家一起密切合作。

制作模型

设计通常需要制作模型。**模型（model）**是展现一个产品或一个想法的物品。模型使观察和理解产品如何运行变得更加方便。

模型可以由许多不同材料制作而成。设计师可以使用黏土、纸和木材制作一个立体的模型，也可以用计算机制作三维模型。

模型不需要和产品的实际尺寸相同。例如，像大坝和摩天大楼这样的大型建筑可以用小很多的模型来表现，而像原子和分子这样的小型结构则可以用大很多的模型来表现。

小测验

2. 为什么工程师要制作模型？

____

____

什么是设计过程?

任何一个有想象力的人都可以设计物品。**设计过程（design process）**是发明产品或解决问题的一系列步骤。设计师和工程师可能遵循不同的设计过程。然而，他们共同的目标就是找到问题的解决方案。

明确需求或问题

当人们明确一个需求或问题时，设计过程就开始了。那么，你该如何明确一个问题或了解人们的需求呢？一种方法是观察趋势或模式，另一种方法是开展调查。

在着手设计前，你需要进行研究。一些人可能已经解决了相同或类似的问题。有时，问题可以通过改良现有产品来解决。

头脑风暴

当你**头脑风暴（brainstorm）**时，你会想出可能的解决方案。写下你所有的想法。尽管一些想法看起来可能很荒谬，然而，荒谬的想法有时会引出其他可行的想法。大部分问题都有不止一种可能的解决方案，其中有些方案会更好。

确保把设计过程中做的工作都记录下来。这意味着你记录了你做的事和你学到的知识，而其他人或许会重复你的步骤来验证你的想法。

小测验

3. 在设计过程中，为什么头脑风暴是很重要的一个步骤？

____

____

当人们头脑风暴时，他们将所有想法写下来。

选择解决方案

得到可能的解决方案后，你要选择最好的那个来尝试。你需要提一些问题来帮助自己选择最合适的解决方案，比如：“你需要什么材料？产品的制作成本是否太高？会有什么安全隐患？”类似这样的问题能帮你明确限制因素和标准。**标准（criteria）**就是一个设计必须达到的要求。例如，人们想要一个又小又轻的吸尘器，这样就能轻松地把它拿上楼。显然，一个太大的吸尘器不能满足这些标准。

选择合适的材料

在形成解决方案时，考虑材料的类型很重要。有些材料可能太昂贵。某个解决方案可能很好，但如果它太昂贵，人们可能就不会购买。有些材料可能用起来很危险，比如在明火附近使用的产品就不适合用易燃材料。

看一看本页下方有关吸尘器的三种解决方案。设计师选择了第二种方案。这是为什么？第一种方案可以制造出一个更轻的吸尘器，但在使用过程中积累的热量可能会使塑料熔化，烧伤用户。第三种方案在未来可能会实现，但现在的制作成本太高。也就是说，产品的价格太高，人们可能不会购买。

小测验

4. 为什么在设计过程开始的时候，需要确定标准和限制因素？

____

____

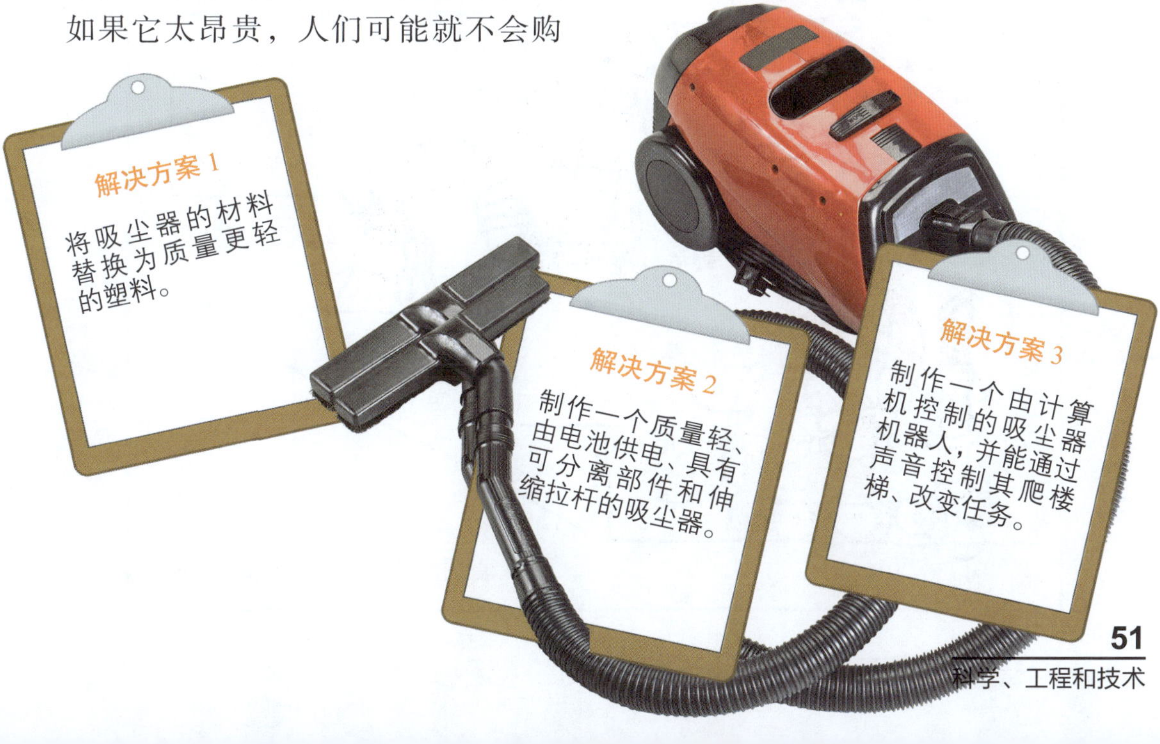

怎样利用原型来形成解决方案?

选择了一个解决方案后，要给这个方案绘制详细的草图或示意图。**示意图（schematic）**显示了每个部件分别是什么，在哪个部位，有什么用途。还记得吗？你也可以制作一个模型。你可以从模型中了解到很多信息，比如：“所使用的材料是否合适，施加在材料上的压力有多大，物体的强度是否足够”。

在完成模型或示意图后，就要制造原型了。**原型（prototype）**是与产品实际尺寸相同的工作模型，可用于测试。原型可以用于测试产品可靠性和安全性等指标。

测试和评价解决方案是否很好地达到了目标

原型制造完成后，你应该进行测试，看它是否解决了问题或满足了需求。测试原型最好的方法通常是实际使用。例如，你制造了一个吸尘器，你需要试着用它来吸尘。你可能也希望其他人来测试这个设计，然后听取他们的反馈意见。

读　图

为什么这个吸尘器在打扫楼梯时很好用？

____

____

____

____

绘制示意图

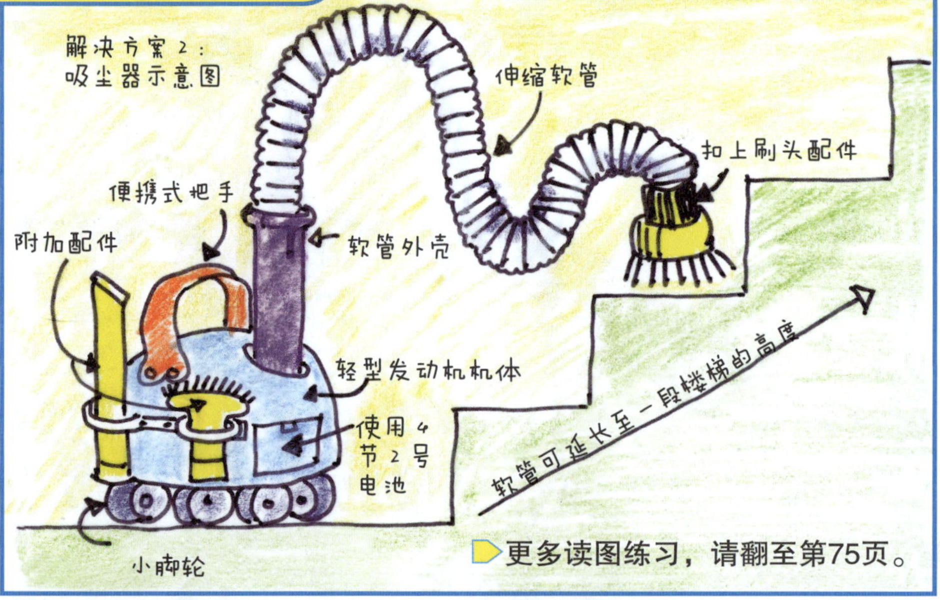

更多读图练习，请翻至第75页。

学习指南 参照第82页单标签式，把你做的粘贴在这里。

美国国家航空航天局（NASA）在将这个原型送上月球前，已经在地球上对它进行了大量的测试。车轮使它能向任何方向行驶。

用测量来评估

在测试产品原型时，确保你做了仔细的测量。你要记录测试结果，并提出更多问题来评估你的设计："它起作用了吗？它达到了所有标准，满足了所有限制因素了吗？这个产品用起来安全吗？"接下来你应该反复测试，这能让你的测试结果更可靠。

展示证据

完成产品测试和数据收集后，你需要将你的测试结果向小组成员或其他人展示。图表和示意图可以帮助你交流测试结果。获得准确的信息十分重要。你很有可能要回顾你的设计并进行修改。在对产品进行再设计时，掌握准确的信息十分重要。

迷你实验

完成第 80 页的"迷你实验"，利用设计过程来解决一个问题。

小测验

5. 为什么工程师要制造和测试原型？

____

____

____

怎样改进设计？

你设计的产品是否像你想象中那样运作？看一看你的测试结果以及从其他人那里收集到的反馈信息，这能让你评估你的设计在多大程度上解决了问题或满足了需求。

大部分设计在它们投入使用前都需要进行完善。事实上，大部分设计师和工程师会多次改进、完善设计，直到他们对产品的性能完全满意。完成修改后，你需要重新测试你的设计，了解这些修改是否改进了产品。

有时你可能只需要略微调整。但如果这个设计不起作用或无法解决问题，那该怎么办？有时，设计中的问题不能轻易解决。在这种情况下，设计师或工程师必须重新考虑设计方案，可能需要换一个完全不同的解决方案。记住，你不必总是坚持最初的解决方案。

小测验

6. 根据以下饼图中的信息，你认为需要改进产品吗？请说明原因。

____

____

____

展示证据

假设你发明了一个新的螺丝刀。数据表展示了人们对你的产品的看法，请利用这些数据完成饼图。

他们可能购买产品的频率	人数
从来没有	480
很少	340
经常	110
总是	70

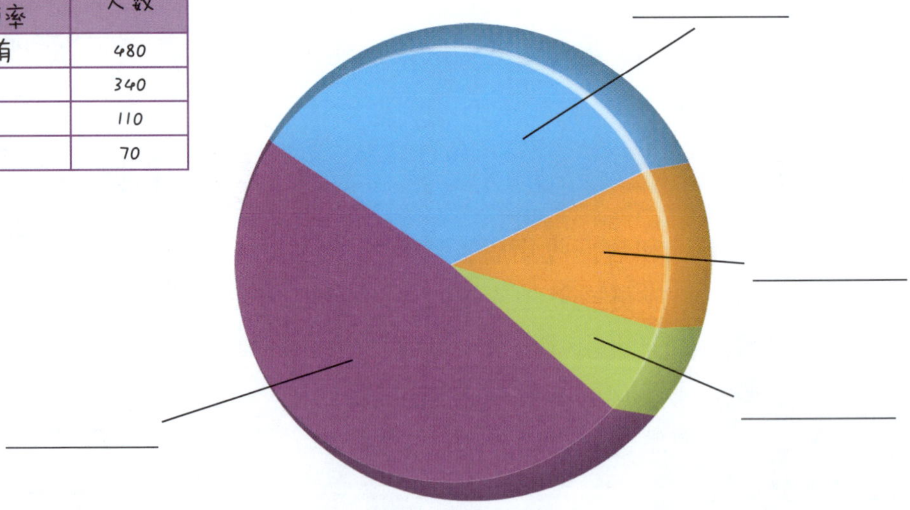

如果必须要选择一个新的解决方案，你要重新执行设计过程的各个步骤。利用之前对设计方案进行测试时所获得的信息，形成一个新的更好的解决方案。如果你和团队一起工作，那么你需要和每位团队成员交流该怎样改进解决方案。

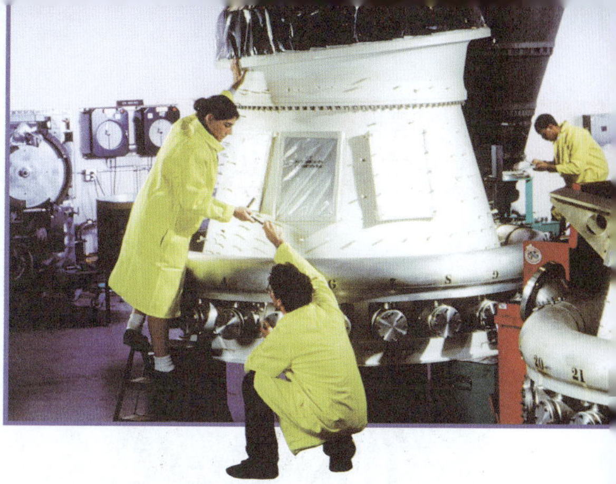

▲工程师和设计师总是在测试和修改他们的设计。

交流解决方案

交流是设计过程的最后一步。当你对自己的设计完全满意了，就需要和其他人交流你是如何解决问题或满足需求的。如果你发明了一个产品，你也许要为它命名，还要为它做广告并进行销售。

小测验

7. **如果设计师或工程师不交流他们的解决方案会怎么样？**

____

____

____

____

在到月球收集土壤和岩石样本前，这个美国国家航空航天局探测车原型要接受很多测试。

第3课回顾

巩固提高

请用自己的话总结本课所学内容。

工程学______________________________

____

____

____

原型______________________________

____

____

____

改进设计______________________________

____

____

____

制作 学习指南

制作一个叠层簿学习指南。使用如图所示的标题，总结设计过程的步骤。

想一想，说一说，写一写

1 **词汇** 说一说头脑风暴时会发生什么。

2 **中心思想和详细叙述** 为什么在发明一个能解决问题的产品时，设计师和工程师遵循设计过程的步骤很重要？

中心思想	详细叙述

3 **批判性思考** 可能影响某个原型制造的限制因素有哪些？

4 **测试准备** 一名工程师制造了一个原型，那么下一步她最有可能做什么？

A. 明确要解决的问题　　B. 头脑风暴

C. 测试原型　　D. 绘制一幅示意图

基本问题 物品是怎样设计出来的？

聚焦技能

科学和技术：设计过程

你是否有过发明一种能帮助人们解决实际问题的产品的想法？很多日用品的产生都开始于一个想法，经过设计和测试后，才成为最终的产品。也许你已经认识到，科学家和发明家通过一系列步骤来创造这些产品，而这些步骤就是**设计过程（design process）**。

▶ 学习

当你发现一个问题需要解决方案时，设计过程就开始了。在明确问题后，你需要头脑风暴，构思多种可能的解决方案。在你明确了这些解决方案后，选择其中一个最佳的方案进行尝试。但是在选择最佳的解决方案时，你必须要思考这些问题："我需要什么材料？我可以获取什么材料？制作这个产品需要花多少钱？"你还需要通过绘制产品示意图或草图的方法来记录你的设计。

然后，你需要建一个原型。原型是指与产品实际尺寸相同的工作模型。在完成原型制造后，你要测试它。而测试的目的是确保你的产品达到了它的设计初衷。你可能也希望其他人来测试你的产品，听一听他们的意见。但在测试产品时你要考虑这样的问题："产品正常运作了吗？"要学会利用图表和数据表展示你的测试结果。

根据你的测试结果和其他人的反馈建议来改进你的设计。你可能需要回顾和修改你的设计，继续测试你的产品直到它的性能达到要求。最后，和其他人交流你的解决方案，展示你的图纸或原型，继续听取其他人的意见，思考和交流该如何继续改进你的设计。

▶ 尝试

你要设计一座塔，使它能承受尽可能多的重量。请注意：影响建筑物强度的因素不仅包括建筑材料，还包括其本身的设计。你能设计一座高度大于宽度，并且能支撑一本书的重量长达 1 分钟的塔吗？

材　料　5 张打印纸，5 张坐标纸，10 根汽水吸管，10 根橡皮筋，10 根绒线铁丝，10 根木质棒冰棍，透明胶带，书本，秒表，剪刀

1. 头脑风暴，构思塔的几种设计方案，并将它们画在下面的坐标纸上。你只能使用提供的材料，将你要用到的材料标示出来。选择其中一个设计，将它的示意图画在下一页的表格中。

聚焦技能

	示意图	支撑的书本数	观察结果/建议
第1种设计			
第2种设计			

2. 用你选择的材料建造这座塔。接着测试你的设计，在塔上小心地放置一本书，看看它能否支撑 1 分钟。

3. 如果这座塔没有倒塌，那就再放置一本书并同时计时，看看这座塔能否支撑两本书长达 1 分钟。

4. 重复步骤 3 直到这座塔倒塌，并在上面的表格中记录你的结果。

▶ 应用

1. 将你设计的塔和同伴的塔进行比较。这两座塔相似吗？它们有哪些不同点？分析对方塔的设计方案并提出改进建议，在上面的表格中记录同伴的建议。为了能支撑更多的重量，你能改进你的塔吗？

____

____

2 根据同伴的建议改进你的设计。你能通过什么方法使你的塔更坚固？在上一页的表格中绘制新的塔，重复测试并记录结果。新的塔能支撑更多重量吗？

3 与班内的其他同学分享你的设计。其他同学的塔能支撑更多重量吗？你的设计和其他同学的设计有相同点吗？你还能做更多的改进吗？向你的同学提问并收集反馈意见，在上一页的表格中加上他们的建议。

4 如果你要设计一栋真实的建筑物，为什么必须要建造模型？

这些建筑物的高度都大于宽度。▶

看图总结

请用自己的话总结每课所学内容。

第1课________________________________

____

____

____

第2课________________________________

____

____

____

第3课________________________________

____

____

____

制作 学习指南

如图所示，将你制作的 3 本学习指南粘在一张大纸上。利用它们复习你学到的知识。

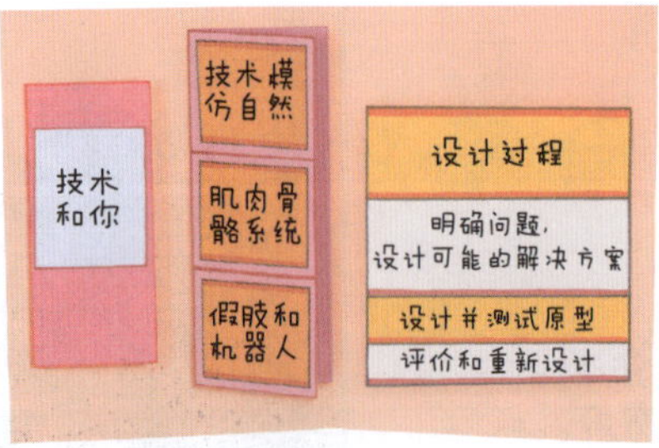

科学技能和科学概念

DOK 2～3

回答下列问题。

1. 批判性思考　举例说明机器人技术可以提升科学知识水平。

2. 说明文写作　请解释为什么水不是技术，而滤水器是技术。

3. 批判性思考　如果人造心脏没有经过原型测试就被制造出来了，会产生什么结果？

4. 实验　假设你制作了一个新型假手的原型，请明确三条你要测试的设计标准。

5. 比较和对比　假肢和机器人有哪些相同点？哪些不同点？

---

*DOK（depth of knowledge）：知识深度等级。

6. **制作模型** 描述你会怎样制作一个可弯曲膝盖的假腿模型。明确你要使用的材料。

____

____

7. **交流** 右侧的示意图是什么？绘制它有什么用处？

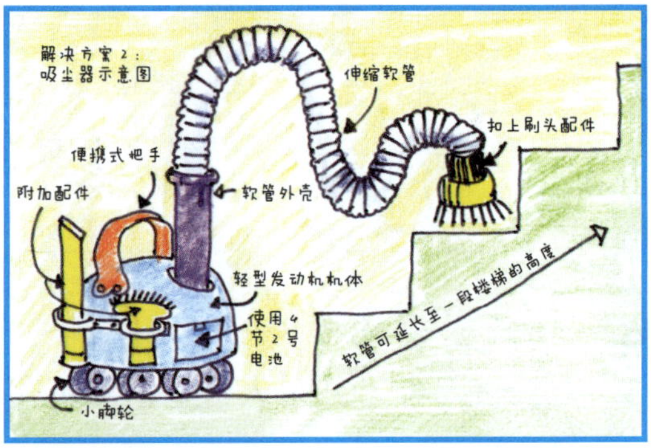

____

____

____

____

8. 在汽车制造厂里，机械臂将车的各个部件焊接到一起。这个机器人最有可能要满足什么需求？

A. 它能做危险的工作。 B. 它能设计汽车。

C. 它具有原型的功能。 D. 它由计算机控制。

9. **判断对错** *示意图和原型是同一种东西。*这句话对吗？为什么？

____

____

大概念

10. 我们怎样设计技术来满足我们的需求？

____

____

测试

圈出每题的正确答案。

1. 由计算机控制的假臂原型有一条设计标准与从给出一条指令到手臂运动所需的响应时间有关。

假臂设计	响应时间（秒）
设计 1	1.2
设计 2	5.4
设计 3	2.6
设计 4	3.6

上面的表格呈现了四种不同设计的响应时间。哪种设计的响应时间最佳？

A. 设计 1　　B. 设计 2
C. 设计 3　　D. 设计 4

DOK 2

2. 一个用于做手术的机器人最可能需要满足什么需求？
   A. 模仿人的手臂。
   B. 能够做人手无法做到的精确移动。
   C. 能够从事科学探索。
   D. 能够从事人类不能做的危险工作。

DOK 2

3. 一个病人的心脏跳动不规律。以下哪种技术能帮助他？

A. 假肢　　B. 人造肺
C. 起搏器　　D. 助听器

DOK 1

4. 一名工程师正在设计一个新型小腿假肢。哪种材料最能替代骨骼系统？
   A. 质量轻而坚固的金属材料
   B. 灵活的塑料材料
   C. 舒适且软的橡胶材料
   D. 坚固且重的木质材料

DOK 3

5. 下图所示的工具可用于拿起小物件。这个工具的设计最有可能模仿了哪个人体部位？

A. 手　　B. 脚
C. 手臂　　D. 手指

DOK 2

6. 机械臂是为了在工厂中提起重物而设计的。在测试原型时，它因为承重的原因断了。那么，下一步工程师需要做什么？
   A. 售卖机械臂。
   B. 用更坚固的材料再制作一个原型。
   C. 用同样的材料再制作一个原型重复测试。
   D. 只用这个原型提起质量较轻的物品。

DOK 2

测试

回答下列问题。

7. 对传统人造心脏出现排异反应的病人，需要一种新型人造心脏。你已经展开了头脑风暴并记录了几个想法。接下来你要做什么？
DOK 2

8. 完成右面的表格，填写与表中所列人类身体系统相对应的假肢部件。
DOK 2

身体系统	假肢的部件
肌肉	
骨骼	

9. 你制造了一只假手的原型，它能自然地运动。这个原型在几个病人身上进行了测试。从测试的结果来看，虽然手动得很自然，但它看起来不像一只真的手。那么，你应该怎么做？
DOK 2

10. 右图显示了一个人造心脏原型的测试结果。哪种设计的测试结果最好？在最终确定采用某种设计前，工程师可能还需要考虑哪些其他因素？
DOK 3

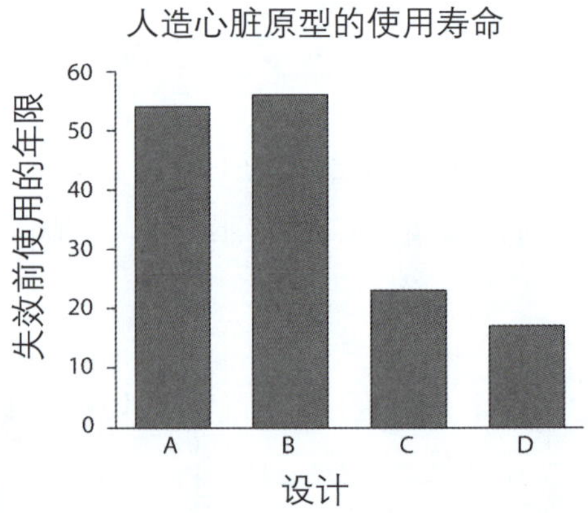

假肢设计师

你对医学和工程学感兴趣吗？假肢设计师必须具备这两门学科的技能。为了制作非常合身的假肢，假肢设计师必须与病人进行充分的沟通，进行精确的测量。在假肢制作完成后，假肢设计师还要持续跟踪病人使用假肢的情况并继续调整假肢，确保他们的假肢能像真实的肢体一样活动。如果你想要成为一名假肢设计师，记得学好数学、物理、生物这三门学科。

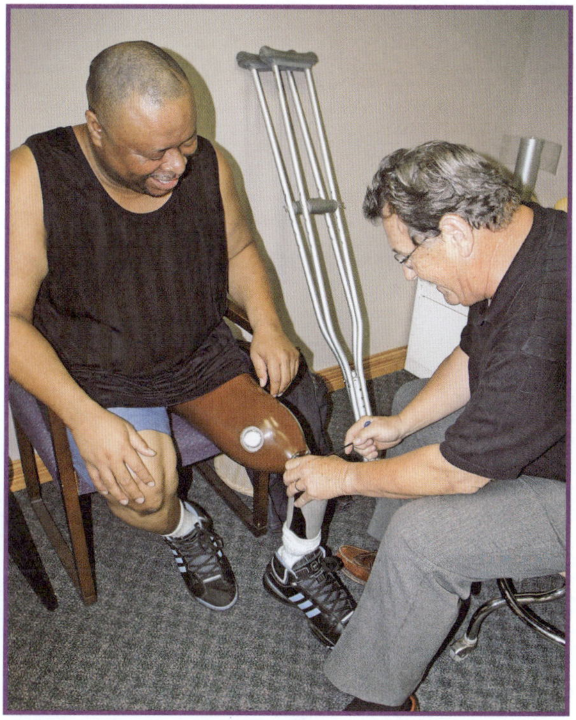

假肢设计师要确保假肢合身且能正常工作。▶

写一写

假肢设计师必须经过哪些特殊的培训？写一段话，说明一名假肢设计师需要掌握的知识。

读图技能训练

读图练习

什么是技术？

人们目前使用的产品和多年前的产品差别很大。为了满足人们的新需求，产品会随着技术的进步而不断改进。下面的这张照片展示了两种计算机，其中一种是多年以前的，另一种是现在的。

计算机的前世今生

根据照片回答下列问题。

1. 这张大照片是多年以前拍摄的。你怎样从照片上看出这一点的？

____

____

____

2. 为什么现在的计算机变得这么小？

____

____

____

技术怎样帮助我们?

技术包含各种各样的领域，比如计算机、通信、医学、交通。下列照片展示了两种不同技术领域的产品。

技术领域

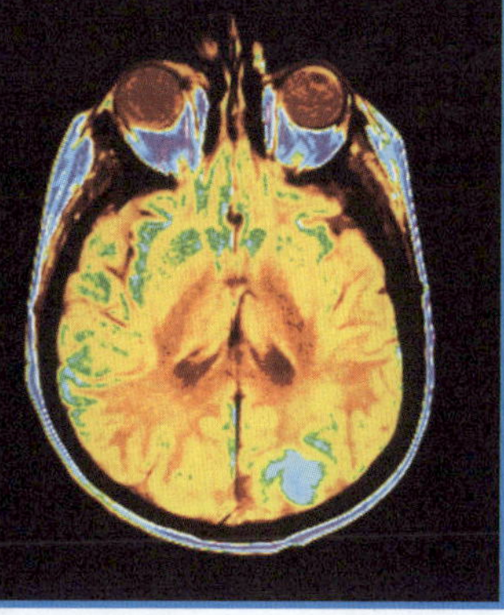

医生可以利用核磁共振成像技术来检测脑肿瘤或其他疾病。

只需按下一个键，手机就能使我们和世界各地的人交流。

根据照片回答下列问题。

1. 为什么医生要对病人进行核磁共振扫描?

____

____

2. 这个核磁共振成像片显示了人体的哪个部位?

____

3. 这个核磁共振成像片中的两个红色圈代表什么?

____

4. 你认为右侧照片中呈现的技术在未来可能会怎样发展?

____

____

读图练习

什么是假肢?

如今，失去手臂或腿的人借助新的假肢技术就可以过上正常人的生活。现在的假肢包含模仿肌肉骨骼系统的技术，其中的骨架起到类似骨骼系统的作用，而电缆则起到类似肌肉系统的作用。

假臂

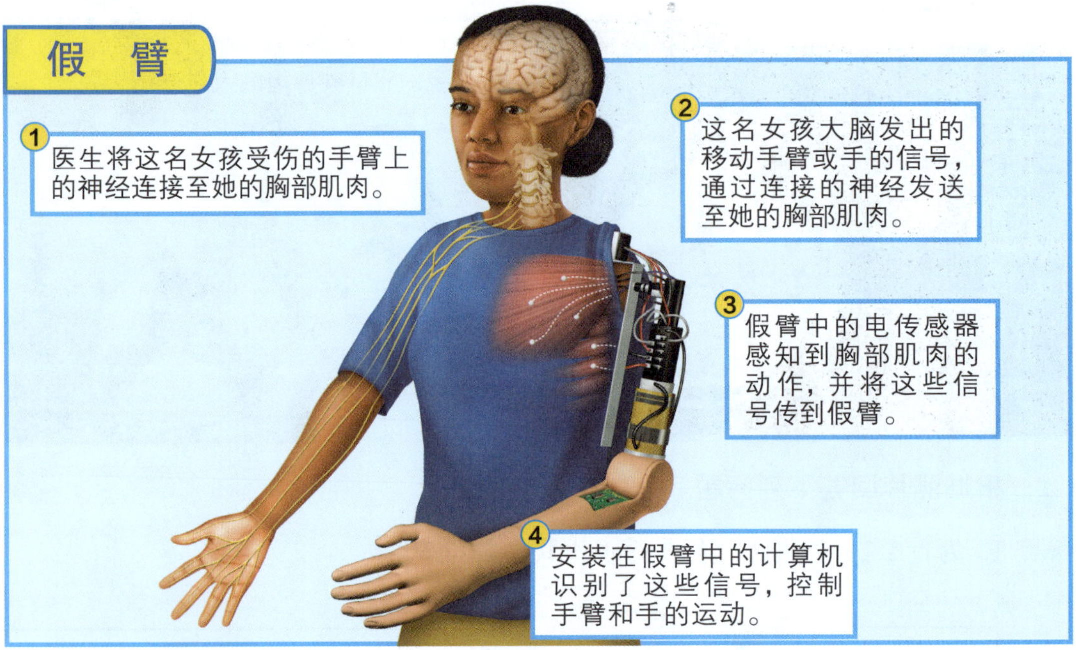

根据示意图回答下列问题。

1. 与多年以前发明的假臂相比，这张示意图中的假臂有什么不同点?

____

____

2. 移动手和手臂的信号是从哪里发出的？你是怎么知道的?

____

3. 什么能感知到胸部肌肉的动作，并将信号传到假臂?

____

技术怎样满足其他需求？

医生使用新技术来改进医疗手段。下面这张照片展示了一个正在做手术的机械臂。医生利用机械臂能更精准地完成人们难以做到的操作。

手术中的机器人

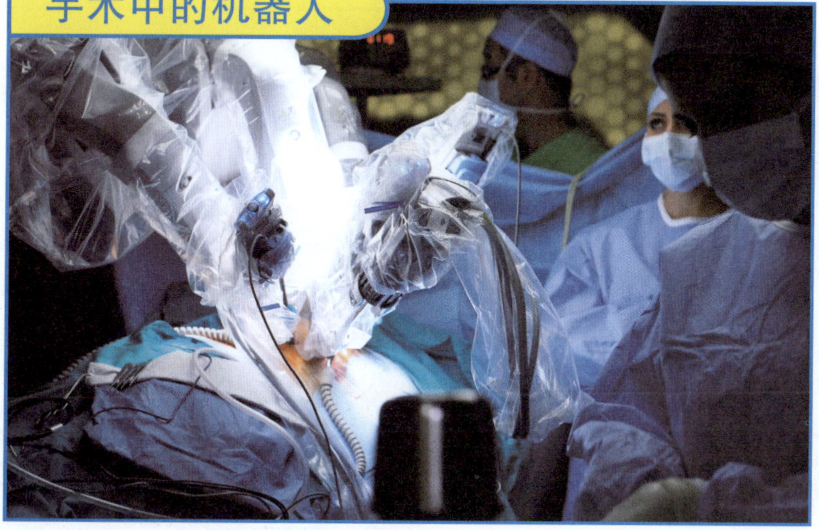

根据照片回答下列问题。

1. 为什么医生想在手术中使用这样的机器人？

____

____

2. 机器人操作手术时，为什么医生也要在场？

____

____

3. 在这个手术中，你认为计算机显示屏起到了什么作用？

____

____

读图练习

怎样设计产品?

设计师和工程师设计、规划各种建筑。制作一个建筑模型可以让他们了解自己的设计是否合理。

设计产品

左边照片中的模型用来检测风对体育馆顶部的影响。人们用蓝色的激光来测量风。

根据照片回答下列问题。

1. 体育场模型和真实的体育场有哪些不同?

____

____

2. 你怎么知道模型要比真实的体育场小得多?

____

____

3. 你认为一个人能够完成测试吗? 为什么?

____

____

怎样利用原型来形成解决方案?

设计过程的其中一个步骤是绘制示意图或详细的草图。当人们绘制产品示意图时，需要包含尽可能多的细节信息。

绘制示意图

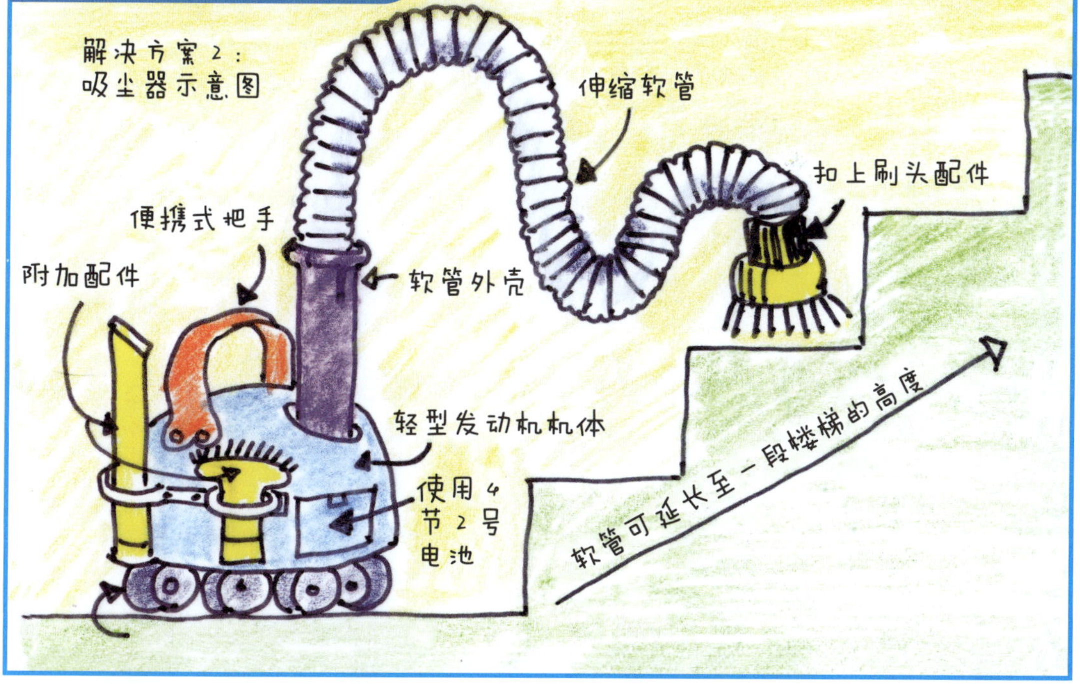

根据示意图回答下列问题。

1. 怎样给这台吸尘器提供能量？你是怎么知道的？

____

____

2. 这台吸尘器是怎样防止人们丢掉各种小物件的？

____

____

迷你实验记录单

迷你实验

让它发光！

材 料
• 电池 • 电线 • 开关 • 小灯泡

1. 电路是电流流动的通道。电流流动时，小灯泡会亮起来。根据下图设计一个手电筒的电路。
2. **观察** 关闭开关，记录你的观察结果。然后打开开关，记录你的观察结果。

___

___

___

3. 要找到一个问题的最佳解决方案，通常需要进行一些实验。请你用提供的材料进行实验，使小灯泡达到最亮。⚠小心如果你需要使用多节电池，确保一节电池的正极和另一节电池的负极相连接。记录你的观察。

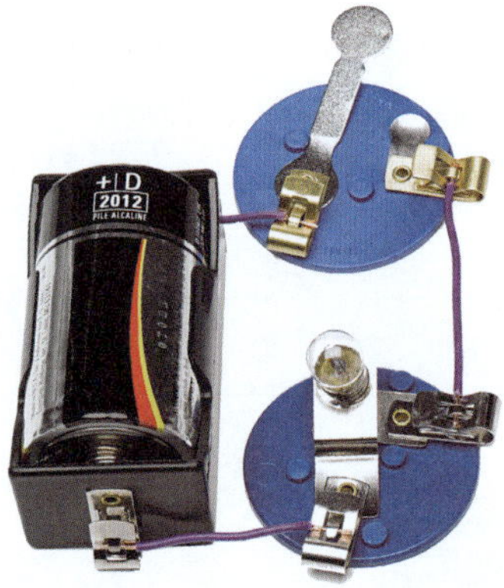

___

___

___

___

4. **推测** 什么因素可能会限制你的设计，使得小灯泡无法变得更亮？

___

___

___

模仿人的动作

材 料

- 黄豆
- 筷子
- 镊子
- 钳子
- 计时器
- 杯子

❶ **观察** 分别使用筷子、镊子、钳子夹起一颗黄豆。然后思考如果没有这些工具，你会怎样拿起一颗黄豆。这些工具模仿了人体的哪个部位？哪种工具能让你最快地夹起黄豆？

____

____

____

❷ 在桌上撒几颗黄豆。

❸ 在1分钟内使用筷子夹起尽可能多的黄豆，放进杯子。一次只能夹起一颗黄豆。

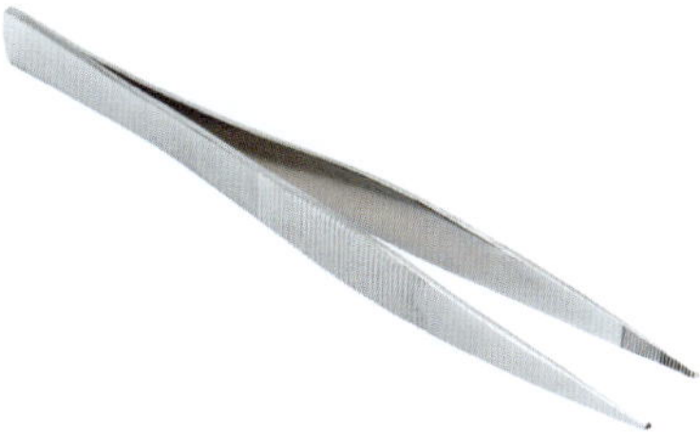

❹ 用镊子代替筷子重复步骤2和3，然后使用钳子再重复一次。将你的结果记录在下表中。

工具	1 分钟内夹起的黄豆数量
筷子	
镊子	
钳子	

❺ **解读数据** 在1分钟内，你使用哪种工具夹起的黄豆最多？你认为哪个人体生理特征帮助了你？

____

____

____

设计滤水系统

参照第81页半页式学习指南，把你做的粘贴在这里。

1. 从老师那里取一杯受“污染”的待测水，并进行观察。这杯水能饮用吗？小心，千万不要饮用待测水。说说你的观察结果。
2. **建立模型** 想出几个滤水系统的方案，并在半页式学习指南上画出示意图。再把你的学习指南粘在本页虚线处。
3. 选择其中一个设计，并制作原型。使待测水通过滤水系统进入碗中。你认为现在碗中的水可以饮用了吗？
4. 改进你的设计并再次尝试。新的设计能使水看起来更加干净吗？请加以说明。
5. 石蕊试纸能够检测溶液是酸性的还是碱性的。蓝色石蕊试纸遇到酸性溶液会变红色，红色石蕊试纸遇到碱性溶液会变蓝色。使用石蕊试纸检测过滤后的水。
6. 两条石蕊试纸分别显示什么颜色？过滤后的水可以饮用吗？请描述一种改进滤水系统的方案，使过滤后的水更加纯净。

材 料

- 待测水
- 纸，纸巾，砂子，纱布，漏斗，其他材料
- 碗
- 红色和蓝色石蕊试纸

学习指南

你可以用白纸、坐标纸或者其他可书写的纸来做学习指南，具体的制作方法如下所示。

① 半页式

制作方法：

1. 折出一个粘贴区。
2. 沿虚线将粘贴区粘到书中的指定位置。

学习指南

2 单标签式

制作方法：

1. 折出一个粘贴区。
2. 沿虚线将粘贴区粘到书中的指定位置。

③ 双标签式

制作方法：

1. 折出一个粘贴区。
2. 沿虚线将粘贴区粘到书中的指定位置。
3. 沿中间线将这张纸剪成两个标签。

④ 纵向三标签式

制作方法：

1. 折出一个粘贴区。
2. 沿虚线将粘贴区粘到书中的指定位置。
3. 沿中间线将这张纸剪成三个标签。

5 横向三标签式

制作方法：

1. 折出一个粘贴区。
2. 沿虚线将粘贴区粘到书中的指定位置。
3. 沿中间线将这张纸剪成三个标签。

学习指南

6 四门式

制作方法：

1. 折出两个粘贴区。
2. 沿虚线将靠左的粘贴区粘到书中的指定位置。
3. 将靠右的粘贴区粘到书上。
4. 沿中间线将这张纸剪成两个标签。

7 三标签式韦恩图

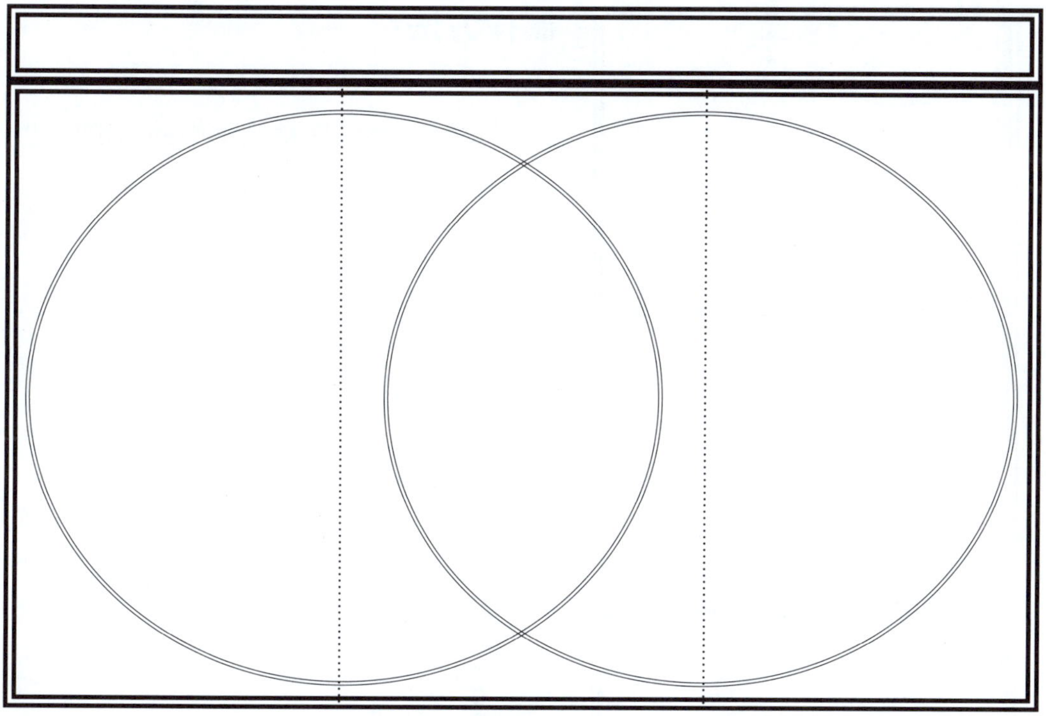

制作方法：

1. 折出一个粘贴区。
2. 沿虚线将粘贴区粘到书中的指定位置。
3. 沿中间线将这张纸剪成三个标签。

学习指南

8 纵向四标签式

制作方法：

1. 折出一个粘贴区。
2. 沿虚线将粘贴区粘到书中的指定位置。
3. 沿中间线将这张纸剪成四个标签。

9 横向四标签式

制作方法：

1. 折出一个粘贴区。
2. 沿虚线将粘贴区粘到书中的指定位置。
3. 沿中间线将这张纸剪成四个标签。

学习指南

⑩ 百叶窗式

制作方法：

1. 折出两个粘贴区。
2. 沿虚线将靠左的粘贴区粘到书中的指定位置。
3. 将靠右的粘贴区粘到书上。

折叠式学习指南

折叠式学习指南的制作方法如下所示。

对折簿

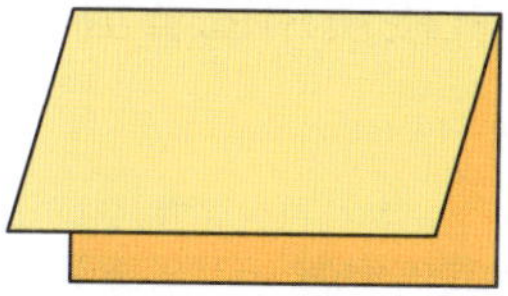

1. 把一张纸对折。
2. 可以竖着折叠这张纸。
3. 也可以横着折叠这张纸。

折叠簿

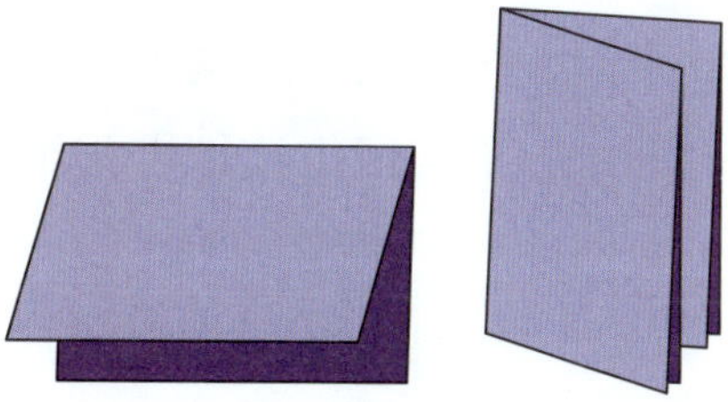

1. 做成对折簿。
2. 再次对折，把信息写在靠外的两页和中间的两页上。

口袋簿

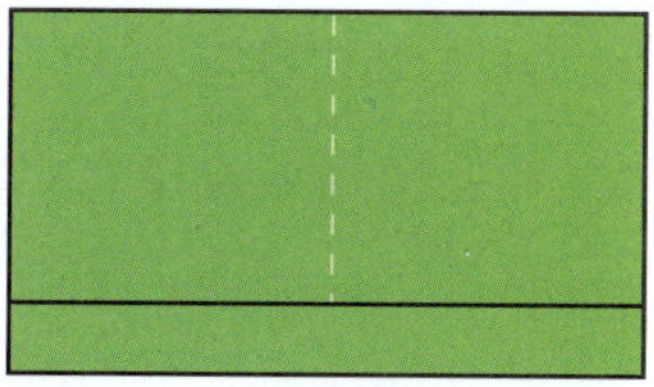

1. 将一张纸横向对折。
2. 展开这张折叠过的纸，沿长边向内折5厘米形成一个口袋。再按步骤1把纸折回去，确保刚折出的口袋在里面。
3. 用少量的胶水把5厘米宽的折叠部分的外缘粘起来。

百叶窗折页

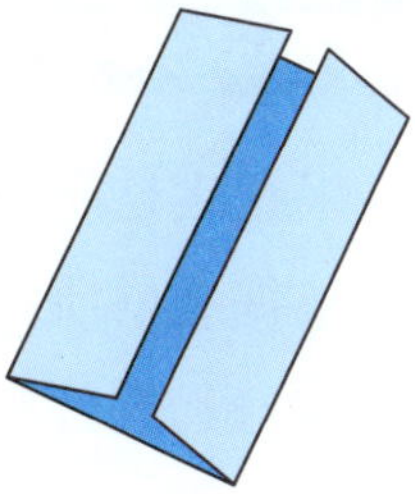

1. 横向对折一张纸，但不要使纸有折痕。捏它一下，以标记中点。
2. 折叠这张纸的两边，使它们在你捏过的地方或在中点相接，这样就形成了百叶窗折页。

学习指南

三折簿

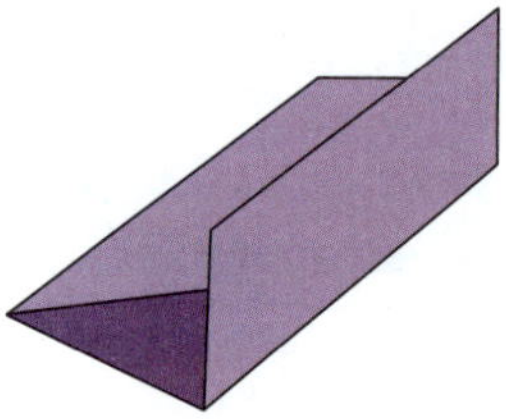

1. 把一张纸折叠成均匀的三份。
2. 直接使用或者剪成需要的形状。

三栏簿

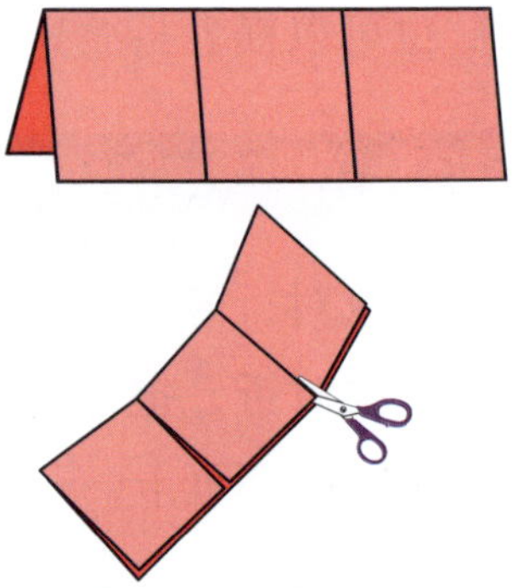

1. 把纸沿着短边对折。
2. 放平后，再把它折成均匀的三份。
3. 打开纸，沿着短折痕把半张纸剪成三份。

叠层簿

1. 把两张纸叠在一起，使后一张比前一张高2.5厘米。
2. 确保两张纸要左右对齐。将两张纸的底部向上折起，使前一张比后一张低2.5厘米。
3. 打开两张纸，用胶水把折痕粘起来，或者用订书机把折痕订起来。

折叠式表格

1. 根据表格所需的列数折出列。
2. 根据表格所需的行数折出行。
3. 在行和列处写上内容。

《科学启蒙（第二版）》版权声明

科学启蒙（第二版）STEM ⑤

McGraw-Hill Education
Science A Closer Look
Grade 5, Science, Engineering, And Technology: Consumable Student Edition
ISBN-10：002143817X

浙江省版权局著作权合同登记号：11-2018-537

图书在版编目（C I P）数据

科学启蒙 ：第二版. STEM. ⑤ / （美）杰伊·哈克特等著 ；STEM未来计划编写组译. -- 杭州 ：浙江教育出版社，2020.4
ISBN 978-7-5722-0078-6

Ⅰ. ①科… Ⅱ. ①杰… ②S… Ⅲ. ①科学知识—少年读物 Ⅳ. ①Z228.1

中国版本图书馆CIP数据核字(2020)第052490号

科学启蒙（第二版）
KEXUE QIMENG DIERBAN
STEM⑤
STEM⑤

出版发行　浙江教育出版社（杭州市天目山路40号　邮编：310013）
原 著 名　SCIENCE A CLOSER LOOK GRADE 5, SCIENCE, ENGINEERING AND TECHNOLOGY: CONSUMABLE STUDENT EDITION
本册翻译　STEM未来计划编写组
图片来源　海洛创意
责任编辑　王荟捷
封面设计　韩　波
责任校对　王　强
责任印务　沈久凌

图文制作　杭州兴邦电子印务有限公司
印　　刷　杭州富春印务有限公司
开　　本　787mm×960mm　1/16
印　　张　6.5
字　　数　156 000
版　　次　2020年4月第1版
印　　次　2020年4月第1次印刷
标准书号　ISBN 978-7-5722-0078-6
定　　价　25.00元

网　　址：www.zjeph.com
如发现印、装质量问题，影响阅读，请与承印厂联系调换。
联系电话：0571-64362059